企业高绩效人力资源管理研究

张　岚　王天阳　王清绪 ◎著

吉林文史出版社

图书在版编目（CIP）数据

企业高绩效人力资源管理研究 / 张岚，王天阳，王清绪著. -- 长春 : 吉林文史出版社，2021.8
ISBN 978-7-5472-7976-2

Ⅰ. ①企… Ⅱ. ①张… ②王… ③王… Ⅲ. ①企业管理－人力资源管理－研究 Ⅳ. ①F272.92

中国版本图书馆 CIP 数据核字(2021)第 162334 号

QIYE GAO JIXIAO RENLI ZIYUAN GUANLI YANJIU

书　　名 企业高绩效人力资源管理研究
作　　者 张　岚　王天阳　王清绪
责任编辑 王丽媛
封面设计 博健文化
出版发行 吉林文史出版社有限责任公司
地　　址 长春市福祉大路 5788 号
网　　址 www.jlws.com.cn
印　　刷 北京四海锦诚印刷技术有限公司
开　　本 185mm×260mm 16
印　　张 9.875
字　　数 223 千
版　　次 2021年 8 月第 1 版　2021年 8 月第 1 次印刷
定　　价 48.00 元
书　　号 ISBN 978-7-5472-7976-2

前　言

知识经济时代，人才是推动国家发展和社会进步的根本动力，并且人才会在未来发展中发挥越来越重要的作用。随着国内宏观经济的繁荣发展，企业对人才的需求越来越旺盛。新环境对企业人力资源管理提出了新要求，科学有效的人力资源管理是企业实现可持续发展的基础。因此，我们有必要对现代企业人力资源管理进行全面分析和研究，以此推进我国企业发展，提升我国的国际竞争力，促进我国人才强国建设目标的实现。

基于此，笔者结合自己多年的教学与科研成果撰写了《企业高绩效人力资源管理研究》一书。本书共六章，以人力资源的含义、性质与作用，人力资源管理的产生与发展、人力资源管理的职能与作用、高绩效人力资源管理的内涵为切入点，探讨企业人力资源管理、企业人力资源绩效与薪酬管理、企业高绩效人力资源管理对员工的影响、企业员工关系与高绩效管理、基于合作导向的企业高绩效人力资源管理。本书注重理论与实践的结合，不仅从理论角度分析现代企业人力资源管理的理论基础，还阐述了人力资源管理具体实践中存在的问题及解决方法。以理论联系实际为基础，通过对现代企业人力资源管理存在的理论层面和实践层面的问题进行分析，指明了新时代下我国企业人力资源管理的正确道路。此外，本书还重视对新问题的探讨，在《企业高绩效人力资源管理与员工的影响》一章中，探究了高绩效人力资源管理的构成维度、高绩效人力资源管理对员工态度及行为的影响；并在本书的最后一章深入探究了基于合作导向的企业高效人力资源管理的相关问题。通过本书对这些新问题的探讨和研究，指明了我国企业人力资源管理的方向，为企业实现高绩效人力资源管理的实践奠定了理论基础，为提升我国企业国际竞争力探索了新路径。

企业高绩效人力资源管理随着时代发展不断变化，在新时代开展企业高绩效人力资源管理必须符合新时代要求，开展弘扬新时代精神的人力资源管理工作。希望通过对本书内容的研究，为企业高绩效人力资源管理的理论研究人员及行业从业人员提供一定有价值的参考。在本书的写作过程中，作者参考引用了一些相关方面的学术著作和学术论文，在此对相关的专家、学者表示感谢。

作　者
2021 年 4 月

目录

第一章　绪 论

本章以人力资源的含义、性质与作用为切入点，对人力资源管理的产生与发展、人力资源管理的职能与作用、高绩效人力资源管理的内涵、影响人力资源管理的竞争性挑战等主要内容进行了论述。

第一节　人力资源的含义、性质与作用

一、人力资源的含义

（一）资源

资源在《辞海》中的解释为“资财的来源”，是人类赖以生存的物质基础。从经济学的角度来看，财富通常有两种来源，一类来自自然界，也就是自然资源，例如森林、矿藏、河流、草地等；另一类是人类自身的知识和体力，可以称之为人力资源。

从财富创造的角度来看，资源是指为了创造物质财富而投入生产过程的一切要素。法国经济学家萨伊认为土地、劳动、资本是构成资源的三要素。马克思认为生产要素有三种，分别是劳动对象、劳动资料和劳动者，而劳动对象和劳动资料又构成了生产资料。在著名的经济学家熊彼特的认知中，他觉得除了土地、劳动、资本三种要素外，企业家精神也是不可忽略的。

综上所述，在创造财富的过程中，劳动及具备劳动能力的人力资源是不可或缺的重要资源。

（二）人力资源

1919 年和 1921 年，约翰 · 康芒斯（John R.　Commons）先后在《产业信誉》和《产业政府》中使用过“人力资源”（human resource）这一概念，他也被认为是第一个使用“人力资源”一词的人。

到目前为止，对于人力资源的含义，学者给出了多种不同的解释。根据研究的角度不同，可以将这些含义分为两大类。

第一类主要是从人的角度出发来解释人力资源的含义，可以称为人力资源的“人员观”。第二类主要是从能力的角度出发来解释人力资源的含义，可以称为人力资源的“能力观”，持这种观点的人占了较大比重。

所谓人力资源，就是指人所具有的对价值创造起贡献作用，并且能够被组织所利用的体力和脑力的总和。这个解释包括以下几个要点：

- 人力资源的本质是人所具有的脑力和体力的总和，可以统称为劳动能力。
- 这一能力要能对财富的创造起贡献作用，成为财富形成的来源。
- 这一能力还要能够被组织所利用，这里的“组织”可以大到一个国家、地区，也可以小到一个企业或作坊。

二、人力资源的性质

（一）能动性

人力资源是劳动者所具有的能力，而人在使用自己的智力和体力的过程中，总是有目的、有计划的，这也是人的最大特点。作为人力资源的载体，人和自然资源一样是价值创造的客体，但不同点是同时它还是价值创造的主体。

（二）时效性

人力资源以人为载体，人的智力和体力是主要表现形式，而人的一生有不同阶段，也就是说，生命周期直接影响人力资源的时效性，人的生命周期一般可以分为成长发育期、成年期、老年期三个阶段，[①] 只有成年期是体力和智力的高峰时期。因此，闲置人力资源是对人力资源的巨大浪费，只有目光、长远，有计划地运用人力资源，才能达到利益最大化。

（三）增值性

与自然资源相比，人力资源具有明显的增值性。被称为“人力资本理论之父”的美国经济学家舒尔茨说：“土地本身并不是使人贫穷的主要因素，而人的能力和素质才是决定贫富的关键。旨在提高人口质量的投资能够极大地有助于经济繁荣和增加穷人的福利。”他测算了美国 1929—1957 年间经济增长中人力资源投资的贡献，其比例高达 33% 。

（四）社会性

自然资源具有完全的自然属性，它不会因为所处的时代、社会不同而有所变化。社会政治、经济和文化的不同，必将导致人力资源质量的不同，例如，古代整体的人力资源质量远远低于现代，发达国家整体的人力资源质量明显高于发展中国家。

①胡君辰等：《企业人力资源管理》，格致出版社，2010年版，第215页。

（五）可变性

与自然资源不同，人力资源在使用过程中发挥作用的程度可能会有所变动，从而具有一定的可变性。人力资源的生成不是自然而然的过程，需要人们有组织、有计划地培养与开发。自然资源则不同，在相同的外部条件下，它的价值大小一般不会发生变化。

（六）可开发性

人力资源像自然资源一样，具有可开发性。但不同的是，人力资源开发的途径和方式、方法不同于自然资源。教育和培训是人力资源开发的主要手段，也是人力资源的重要职能。此外，人力资源开发具有投入少、产出大的特点。

三、人力资源的作用

（一）人力资源是财富形成的关键要素

社会经济运动的基本前提就是人力资源构成。不论是在经济管理中，还是在组合、运用其他各种资源的主体上，人力资源都必不可少。

人们通过各种方式，将自己的智力和体力转移到自然资源上，改变自然资源的状态，使自然资源转变为各种形式的社会财富，通过这个过程，人力资源的价值也得以转移和体现。应该说，没有人力资源的作用，社会财富就无法形成。

此外，人力资源的使用量也决定了财富的形成量，一般来讲，在其他要素可以同比例获得并投入的情况下，人力资源的使用量越大，创造的财富就越多；反之，创造的财富就越少。正因为如此，人力资源是财富形成的关键要素。

（二）人力资源是经济发展的主要力量

人力资源不仅决定着财富的形成，而且是推动经济发展的主要力量。随着科学技术的不断发展，知识技能的不断提高，人力资源对价值创造的贡献力度越来越大，社会经济发展对人力资源的依赖程度也越来越高。

研究经济增长问题的经济学家一致认为，20 世纪经济增长的主要因素是“知识的进展”，就是对人力资源进行投资、开发，提高社会劳动者的文化水平和专业理论、专业技能，使其具有较高的运用物质资源的能力。

人力资源对经济发展的巨大推动作用，目前世界各国都非常重视本国的人力资源开发和建设，力图通过不断提高人力资源的质量来实现经济和社会的快速发展。

（三）人力资源是企业的首要资源

企业是指集中各种资源如土地、资金、技术、信息、人力等，通过有效整合和利用，实现利益最大化并满足利益相关者要求的组织，如图 1-1 所示。

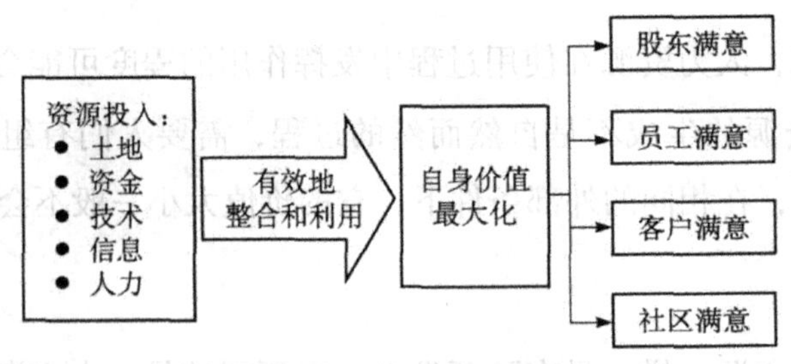

图 1-1 企业运作示意图

在当今社会中，社会经济系统的细胞单元就是企业，同时企业也是社会经济活动中最基本的经济单位之一，是创造价值最主要的组织形式。随着生产力的不断发展，企业会不断出现，而它反过来又极大提高了生产力水平。

只有不断地投入各种资源，企业才能正常运转，而在企业投入的各种资源中，人力资源是第一位的，也是最重要的资源；人力资源的存在和有效利用能够充分激活其他物化资源，从而实现企业的目标。

21 世纪是知识经济时代，是全球经济一体化的时代，是高新技术的时代，是竞争的时代。人力资源是知识经济时代的第一资源，人力资源还是企业生存和发展的必备资源。猎取稀缺的第一资源——人力资源，是各级各类组织发展的当务之急。

综上，无论是对社会还是对企业而言，人力资源都发挥着极其重要的作用，因此我们必须对人力资源给予足够的重视，创造各种有利的条件以保证其作用的充分发挥，从而实现财富的不断增加、经济的不断发展和企业的不断壮大。

第二节　人力资源管理的产生与发展

对人力资源管理的产生与发展，不同的学者划分出了不同的阶段。结合不同学者的划分方法，我们认为可以将人力资源管理的产生与发展划分为六个阶段。

一、萌芽阶段

人力资源管理的前身被称为人事管理，人事管理是伴随着 18 世纪后期工业革命而产生的。工业革命有三大特征，即机械设备的发展、人与机器的联系、需要雇用大量人员的工厂的建立。这场革命导致两个现象：一是劳动专业化的提高；二是工人生产能力的提高，工厂生产的产品剧增。“劳动分工”已成为这次革命的强有力的共同呼声。由于劳动分工思想的提出，个体劳动在工厂中消失，工人的协同劳动成为主体，因此对工人的管理问题就逐渐凸显出来。这一阶段，在工人的管理方面产生了各种朴素的管理思想，例如：在劳动分工的基础上对每个工人的工作职责进行界定，实行具有激励性的工资制度，推行职工福利制度，对工人的工作业绩进行考核等。这些管理思想基本上都以经验为主，并没有形成科学的理论，但却奠定了人力资源管理的雏形。

二、初步建立阶段

即科学管理时代，时间从 20 世纪初至 1930 年左右。科学管理思想的出现，宣告了管理时代的到来，管理从经验阶段步入科学阶段，这在管理思想发展史上有着划时代的意义。在泰勒提出科学管理思想一段时间后，企业中开始出现人事部门，该部门负责企业员工的挑选、雇用和安置工作，这些都标志着人力资源管理的初步建立。

三、反省阶段

即人际关系时代，大致从 20 世纪 30 年代到第二次世界大战结束。从 1924 年开始到 1932 年才结束的霍桑实验引发了对科学管理思想的反思，将员工视为“经济人”的假设受到了现实的挑战。霍桑实验发现了人际关系在提高劳动生产率中的重要性，揭示了对人性的尊重、人的需要的满足、人与人的相互作用以及归属意识等对工作绩效的影响。人际关系理论开创了管理中重视人的因素的时代，是西方管理思想发展史上的一个里程碑。这一理论同时也揭开了人力资源管理发展的新阶段，设置专门的培训主管、强调对员工的关心和理解、增强员工和管理者之间的沟通等人事管理的新方法被很多企业采用，人事管理人员负责设计和实施这些方案，人事管理的职能极大丰富。

四、发展阶段

即行为科学时代，从20世纪50年代到70年代。从20世纪50年代开始，人际关系的人事管理方法也逐渐受到了挑战，“快乐的员工是一个好员工”，并没有得到事实的证明，组织行为学的方法逐渐兴起。组织行为学是一个研究领域，它探讨个体、群体以及结构对组织内部行为的影响，目的是应用这些知识改善组织绩效，它的发展使人事管理从对个体的研究与管理扩展到了对群体和组织的整体研究和管理，人事管理也从监督制裁到人性激发、从消极惩罚到积极激励、从专制领导到民主领导、从唯我独尊到意见沟通、从权力控制到感情投资，并努力寻求人与工作的配合。“人力资源管理”逐渐成为一个流行的名词。

五、整合阶段

即权变管理时代，从20世纪70年代到80年代，在这一阶段，企业的经营环境发生了巨大的变化，各种不确定因素在增加，企业管理不仅要考虑到自身的因素，还要考虑到外部各种因素的影响。在这种背景下，权变管理理论应运而生，它强调管理的方法和技术要随企业内外环境的变化而变化，应当综合运用各种管理理论而不只是某一种。在这一理论的影响下，人力资源管理也发生了深刻的变化，同样强调针对不同的情况采取不同的管理方式、实施不同的管理措施。20世纪80年代初期，美国和欧洲纷纷出现了人力资源开发和管理组织，人事部门改名为人力资源管理部，企业从强调对物的管理转向强调对人的管理。

六、战略阶段

即战略管理时代，20世纪80年代以后。进入80年代以后，西方经济发展过程中一个突出的现象就是兼并，为了适应兼并发展的需要，企业必须制定出明确的发展战略，因而战略管理逐渐成为企业管理的重点，而人力资源管理对企业战略的实现有着重要的支撑作用，所以从战略的角度思考人力资源管理的问题，将其纳入企业战略的范畴已成为人力资源管理的主要特点和发展趋势。

目前，人力资源管理在我国的发展可以说是机遇与挑战并存，这就需要人力资源管理的理论工作者和实践工作者共同努力，积极探讨，不断提高我国人力资源管理的理论和实践水平。

第三节　人力资源管理的职能与作用

一、人力资源管理的基本职能及其关系

（一）人力资源管理的基本职能

综合国内外学者的观点，我们可以发现，这些共同的职能就是人力资源管理应当承担的基本职能，我们将其概括为以下八个方面：

第一，人力资源规划。这一职能包括的活动有：对组织在一定时期内的人力资源需求和供给做出预测；根据预测的结果制订出平衡供需的计划等。

第二，职位分析与胜任素质模型。职位分析包括两部分活动：一是对组织内各职位所要从事的工作内容和承担的工作职责进行清晰的界定；二是确定出各职位所要求的任职资格，例如学历、专业、年龄、技能、工作经验、工作能力、工作态度等。职位分析的结果一般体现为职位说明书。胜任素质是与特定组织特定工作职位上工作业绩水平有因果关联的个体特征和行为。

第三，员工招聘。这一职能其实包括招募、甄选与录用三部分。招募是企业采取多种措施吸引候选人来申报企业空缺职位的过程；甄选是指企业采用特定的方法对候选人进行评价，以挑选最合适人选的过程；录用是指企业做出决策，确定人选人员，并进行初始安置、试用、正式录用的过程。

第四，绩效管理。就是根据既定的目标对员工的工作结果做出评价，发现其工作中存在的问题并加以改进，包括制订绩效计划、进行绩效考核、实施绩效沟通等活动。

第五，薪酬管理。这一职能所要进行的活动有：确定薪酬的结构和水平，实施工作评价，制定福利和其他待遇的标准，进行薪酬的测算和发放等。

第六，培训与开发。包括建立培训体系、确定培训的需求和计划、组织实施培训过程、对培训效果进行反馈总结等活动。

第七，职业生涯规划和管理。职业生涯规划是指一个人通过对自身情况和客观环境的分析，确立自己的职业目标，获取职业信息，选择能实现该目标的职业，并且为实现目标而制订的行动计划和行动方案。

第八，员工关系。就是企业中各主体，包括企业所有者、企业管理者、员工和员工代言人等之间围绕雇佣和利益关系而形成的权利和义务关系。

（二）人力资源管理基本职能之间的关系

对于人力资源管理的各项职能，应当以一种系统的观点来看待，它们之间并不是彼此割裂、孤立存在的，而是相互联系、相互影响，共同形成了一个有机的系统，如图 1-2 所示。

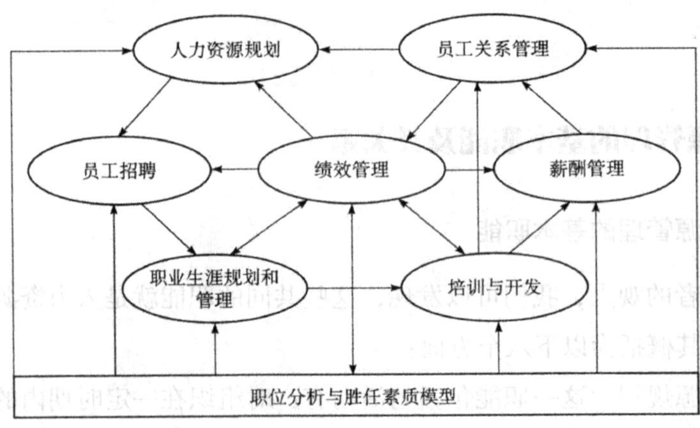

图1-2 人力资源管理职能的关系图

在这个职能系统中，职位分析与胜任素质模型是一个平台，其他各项职能的实施基本上都要以此为基础。人力资源规划中，预测组织所需的人力资源数量和质量时，基本依据就是职位的工作职责、工作量、任职资格与胜任素质模型，而这些正是职位分析与胜任素质模型的结果；预测组织内部的人力资源供给时，要用到各职位可调动或可晋升的信息，这也是职位说明书中的内容。进行员工招聘时，发布的招聘信息可以说就是一个简单的职位说明书，而录用甄选的标准则主要来自职位说明书中的任职资格要求与胜任素质模型。绩效管理和薪酬管理与职位分析的关系更加直接，绩效管理中，员工的绩效考核指标可以说完全是根据职位的工作职责来确定的；而薪酬管理中，员工工资等级的确定，依据的信息主要就是职位说明书的内容。在培训与开发过程中，培训需求的确定也要以职位说明书中的任职资格要求与胜任素质模型为依据，简单地说，将员工的现实情况和这些要求进行比较，两者的差距就是要培训的内容。

人力资源管理的其他职能之间同样也存在着密切的关系，甄选录用要在招聘的基础上进行，没有人来应聘就无法进行甄选；而招聘计划的制订则要依据人力资源规划，招聘什么样的员工、招聘多少员工，这些都是人力资源规划的结果；培训与开发也要受到甄选结果的影响，如果甄选的效果不好，员工无法满足职位的要求，那么对新员工培训的任务就要加重；相反，新员工的培训任务就比较轻。员工关系管理的目标是提高员工的组织承诺度，而培训与开发、薪酬管理则是达到这一目标的重要手段。培训与开发和薪酬管理之间也有关系，员工薪酬的内容，除了工资、福利等货币报酬外，还包括各种形式的非货币报酬，而培训就属于其中的一种重要形式，因此从广义上来讲，培训与开发是薪酬的一个组成部分。

二、人力资源管理的地位和作用

（一）人力资源管理的地位

所谓人力资源管理的地位，是指它在整个企业管理中的位置。要想正确地认识人力资源管理的地位，按照逻辑的思维顺序，首先就要搞清楚人力资源管理和企业管理之间的关系。企业管理，简单地说就是对企业投入和拥有的资源进行有效的管理，实现企业既定目标的过程；而企业投入和拥有的资源是由不同的种类构成的，例如资金资源、物质资源、技术资源、人力资源、客户资源等，因此企业管理也就包括对这些不同资源的管理。从这个意义上讲，人力资源管理和企业管理之间是一种部分与整体的关系，如图 1-3 所示。[①]

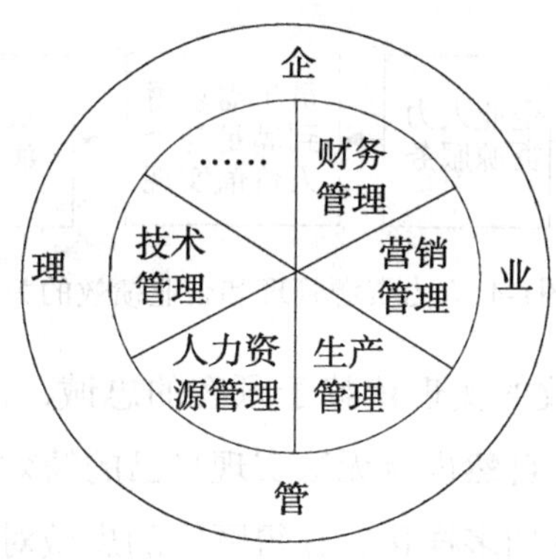

图1-3　人力资源管理和企业管理的关系图

在这个前提下，对于人力资源管理的地位，正确的认识应当是辩证的：一方面，要承认人力资源管理是企业管理的组成部分，而且还是很重要的一个组成部分；另一方面，也要承认人力资源管理代表不了企业管理，人力资源管理并不能解决企业管理的全部问题。

第一个方面的观点是很容易理解的。我们知道，企业中各项工作的实施都必须依靠人力资源，没有人力资源的投入，企业就无法正常运转。此外，由于人力资源的可变性，它还会影响到各项工作实施的效果，而人力资源管理正是要有效地解决上述问题，为企业的发展提供有力的支持，因此它在整个企业管理中居于重要的地位。

至于第二个方面的观点，也不难理解。虽然人力资源管理可以决定企业能否正常地运转，可以影响企业前进的速度，但是企业管理中还有很多问题是人力资源管理解决不了的，例如企业的发展战略问题、企业的营销策略问题等。因此，人力资源管理并不是万能的。

（二）人力资源管理的作用

关于人力资源管理的作用，不同的人有不同的看法，但从根本上来说，它集中体现在与

①戚振江：《人力资源实践与组织绩效关系综述：基于过程和多层次分析范式》，载《科学学与科学技术管理》2012 年第 33 卷第 5 期，第 169-180 页。

企业绩效和企业战略的关系上。

1. 人力资源管理和企业绩效

在人力资源管理职能正常发挥的前提下，它将有助于实现和提升企业的绩效，这是人力资源管理的一个重要作用。

此外，我们还可以从另外一个角度来分析人力资源管理和企业绩效之间的关系，如图1-4所示。

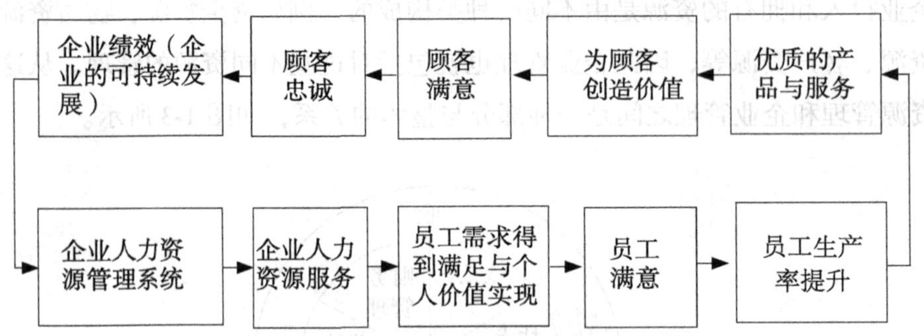

图1-4 人力资源管理和企业绩效的关系图

首先应当明确，企业绩效的实现依赖于顾客的忠诚，没有顾客来购买企业的产品和服务，企业就无法生存和发展，自然也就无法实现自己的绩效。随着生产力水平的不断提高，产品日益丰富，顾客的选择更加多样化，赢得顾客的忠诚对企业来说也变得更加重要。要赢得顾客的忠诚，就必须使顾客满意。而顾客之所以会满意，在很大程度上是因为企业能够为顾客创造价值，也就是为顾客提供了优异的产品与服务。实现这一点就要依赖于员工的工作，没有员工的工作，企业就无法生产出产品和服务；而没有员工高质量的工作，企业就无法提供高质量的产品和服务，没有这些，企业就无法满足顾客的需求，也就无法让顾客满意。这一点在服务性的行业中体现得更加明显，这些企业向顾客提供的大多是一些服务，这就需要员工直接面对顾客，因此员工的工作会直接影响到顾客的满意度。那么，员工工作的生产率又受什么因素影响呢？主要是他们的工作满意度，员工的工作满意度会直接影响到他们的工作，当工作满意度高时，他们就会更加投入地工作；否则，人力资源的作用就不会完全得到发挥。而员工的满意度又取决于他们的需求是否得到满足，以及个人价值是否得到实现。这在很大程度上依赖于企业提供的人力资源服务，例如公正的绩效考核、具有竞争力的薪酬待遇、有效的培训与开发、良好的员工关系等。因此，企业的人力资源管理体系与企业绩效之间存在密切的关系，人力资源管理的有效实施将有助于实现和提升企业的绩效。

2. 人力资源管理与企业战略

在人力资源管理职能正常发挥的前提下，它还有助于企业战略的实现，人力资源管理的这一作用目前受到了更多的重视。

战略的实施需要企业各方面资源的共同支持，人力资源自然也在其中，因此人力资源管理的有效进行将有助于企业战略的实现，它们之间的关系可用图 1-5 表示。

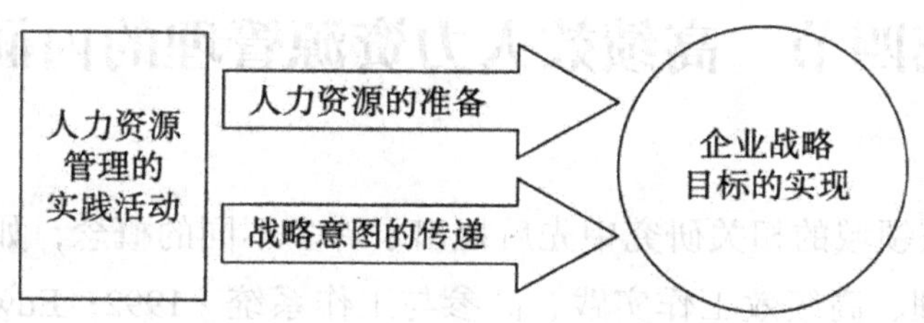

图1-5 人力资源管理和企业战略的关系图

当企业战略明确了自己的发展方向之后，各种资源的准备就显得十分重要，没有资源的有效准备，战略的实现无疑是空中楼阁。在资源的准备中，人力资源是很重要的一个方面。一般来说，人力资源的准备可以通过两种途径来实现，一种是从外部招聘，另一种就是内部培养，而这两种途径都是人力资源管理的实践活动。根据企业的战略目标，首先要通过人力资源规划对未来的人力资源需求做出预测，然后再依据这种预测通过招聘录用或者培训与开发来进行人力资源的储备，从而为战略的实现奠定坚实的人力资源基础。例如：如果企业的战略定位为通过兼并收购来扩大经营规模，那么它就要借助人力资源规划，通过招聘录用或者培训与开发等手段来储备兼并收购方面的人才，否则，企业战略的实现就无从谈起。

企业战略的实现，资源准备只是外部条件，它还必须得到全体员工的认同，只有员工把企业的战略目标内化为个人目标和行为准则，企业战略的实现才具有内在动力。因此，将企业战略传递给每个员工并得到他们的认同是十分重要的，这个过程也需要人力资源管理实践的支持。可以通过培训，给员工灌输企业的战略意图，提高员工的思想认识，把员工的行为统一到战略目标上来。现代的培训理念也正朝着这个方向发展，培训内容的设计除了知识、技能以外，还有思想、观念等。此外，还可以通过绩效考核和奖励等方式来传达企业的战略意图，这也是绩效管理和薪酬管理理念的一个发展方向。例如：企业的战略如果是通过服务来获取竞争优势，那么它就可以在员工的绩效考核指标中加重对服务的考核，以此来引起员工的重视；它还可以加大对优质服务的奖励，这样也可以引导员工的行为，传递自己的战略思想。

第四节 高绩效人力资源管理的内涵

国内外学者在该领域的相关研究中先后提出了许多不同的概念，如高绩效工作系统、高绩效人力资源管理、高绩效工作实践、高参与工作系统（1992；Edwards et al，2001）、high-Commitment work system（高承诺工作系统）（Wood，1996；Baird，2002）、best human resource practices（最佳人力资源实践）（Pfeffer，1996）以及 flexible work systems（弹性工作系统）（Wan Buren et al，1996）等。张一弛等（2004）认为，“最佳人力资源实践”是企业界经理人员的习惯表达，而“high-performance work systems 高绩效人力资源管理”是学术界的习惯表达。上述概念不论冠以何种称谓，所包含的实质内容都是一整套的人力资源管理活动，因此本研究采用高绩效人力资源管理这一概念。

关于什么是高绩效人力资源管理西方学者给出了不同的概念表述，比较有代表性的观点认为，高绩效人力资源管理是企业为实现战略目标而采取的一系列有计划的人力资源管理活动（Wright et al，1992）；是一种既定的人力资源管理模式，这种模式由一系列人力资源管理实践构成，并以逐项可加的方式有助于提高企业的经营绩效；是指对公司绩效有高度影响的一套人力资源管理系统；是公司内部高度一致的、确保人力资源管理服务于企业战略目标的一系列政策和活动；是通过培养有才能和高组织承诺的员工队伍来提高企业绩效的一组人力资源管理实践；是能够改善员工能力、动机和参与机会的人力资源管理实践；是指公司内部确保人力资源管理服务于企业战略目标的一系列政策和活动；高绩效人力资源管理的核心内涵是人力资源管理实践在效果上对企业绩效的贡献。

尽管学者们对高绩效人力资源管理的概念表述有所不同，但这些表述中所包含的高绩效人力资源管理的内涵是一致的。基本认识是，高绩效人力资源管理是由一整套具体的人力资源管理实践活动组成，这些实践活动与组织环境及各种组织资源相互协调，对员工的态度和行为产生积极影响，从而提升员工及企业绩效，并对企业的持续竞争优势做出直接贡献。这一内涵所强调的是，人力资源管理的质量是企业获取持续竞争优势的关键，是战略人力资源管理的核心内容。Ling 和 Nasurdin（2010）归纳总结了四种高绩效人力资源管理类型，分别是最佳实践视角 Best Practice、战略人力资源管理视角、权变视角和结构视角，最佳实践视角侧重于考查各人力资源实践的细分维度对结果变量的影响，而其他视角则更多将人力资源实践看作一个系统来研究。

事实上，在高绩效人力资源管理的早期研究中，更多是从单个实践的研究视角探讨人力资源管理的结果效应，突出了单个人力资源管理活动的最佳实践作用。这种思路的逻辑是，人力资源最佳实践的结果效应具有可加性，只要找出各人力资源实践的最佳做法，便能影响员工的积极行为，增加组织绩效。但这种观点首先在方法论上受到了质疑，研究发现，单个人力资源实践之间存在高度相关性，单个人力资源实践与公司绩效的简单关系夸大了它们的贡献，易于高估它们对企业绩效的实际影响。同时，从资源基础理论的视角看，单个人力资源实践通常容易被模仿，对于构建和保持企业的持续竞争优势贡献也不大。显然，该领域早期的研究视角没有充分认识到企业人力资源管理系统的复杂性，研究结论在一定程度上存在局限性。因此，后来的相关研究逐渐将高绩效人力资源管理的内涵由单个人力资源实践演变为系统化的人力资源实践，不但强调单项人力资源管理活动的质量，更强调人力资源管理活动的系统性和整体结构。也就是只有将人力资源管理活动整合成为一个有效的系统，促成人力资源管理实践与公司目标的契合，才能给企业带来好的绩效，也才能获得高附加值、稀缺的、难以模仿和不可替代的竞争优势。

第五节 影响人力资源管理的竞争性挑战

当今企业面临的三大竞争性挑战会提高人力资源管理实践的重要程度，这三大挑战是：可持续性的挑战、全球化的挑战以及科技的挑战。我们在图 1-6 中描绘出了这三种挑战。

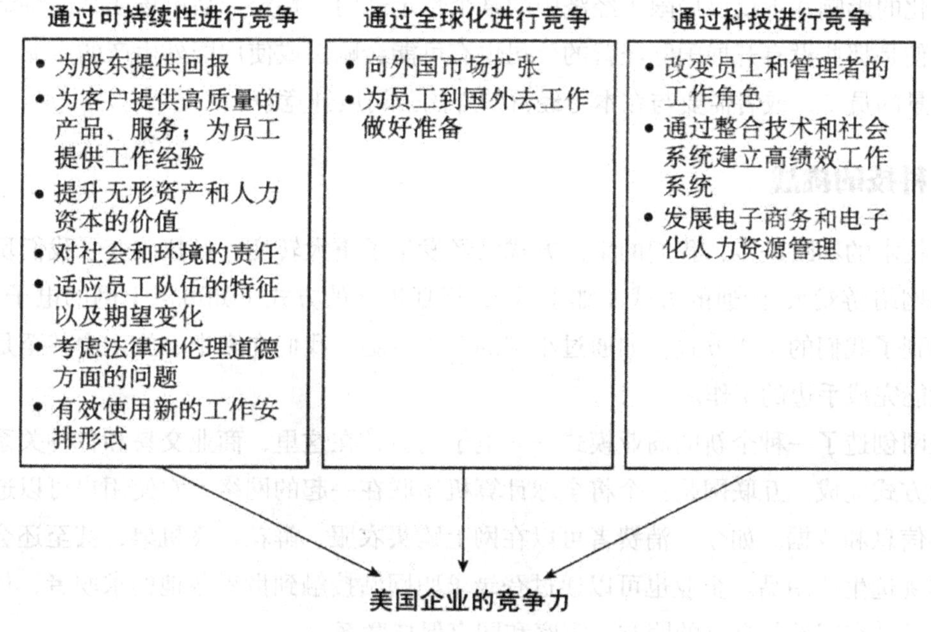

图1-6 影响美国企业的三大竞争性挑战

一、可持续性的挑战

从传统上来说，可持续性被视为企业需要承担的社会责任的一个方面，它与企业对环境的影响有关。但我们从一个范围更大的视角来看待可持续性问题。

可持续性是指一家公司在不牺牲员工资源、社区资源和环境资源的情况下获取利润的能力。一家公司能否成功，主要取决于它是否能够满足利益相关者的需要。企业的利益相关者包括股东、社区、客户、员工以及其他乐于看到公司取得成功的群体。

可持续性包括以下几个方面的能力：应对经济和社会变革的能力、履行环境责任的能力、参与负责且有道德的商业活动的能力、提供高质量产品和服务的能力，以及找到方法来评估企业是否满足了利益相关者需要的能力。

二、全球化的挑战

很多公司都发现，为了生存。它们一方面必须到国际市场上去进行竞争，另一方面还要设法抵御外国竞争者来本土争夺市场。为了迎接这些挑战，企业必须开拓全球市场，运用人力资源管理实践强化自己的全球竞争力，同时更好地为员工接受全球外派工作做好准备。

每一家企业都必须做好应对全球经济的准备。技术进步使企业的全球扩张变得更加容易。互联网使数据和信息变得可以及时获得，并且能够随时发往世界各个角落。互联网、电子邮件和视频会议也使相距千里的两家公司很容易完成交易。

全球化的影响并不仅仅局限于经济中的某个特定部门、特定产品市场或某种特定规模的企业，即使是那些没有开展国际经营的公司也有可能会购买或使用国外生产的产品，雇用具有海外背景的员工，或者需要与在本土经营的外国公司展开竞争。

三、科技的挑战

随着技术的不断进步，我们的生活方式已经发生了重大转变，科技改变了我们玩游戏的方式（如网络游戏）、沟通的方式（如手机）、规划生活的方式（如可以上网的电子日历），甚至影响到了我们的工作方式，如通过小型的个人电脑，我们在家中、旅途中甚至是躺在海滩上，就能完成手边的工作。

互联网创造了一种全新的商业模式——电子商务，在这里，商业交易和各种关系能够以电子化的方式完成。互联网是一个将全球计算机串联在一起的网络，它使用户可以通过这个网络交换信息和数据。如今，消费者可以在网上购买衣服、鲜花、飞机票，甚至还会有人在网上为你挑选生活用品。企业也可以通过登录求职网站接触到世界各地的求职者，员工也能够通过登录社交网站与自己的朋友、家庭和同事保持联系。

第二章　企业人力资源管理研究

当前人力资源配置的社会化、市场化程度不断加深，企业人力资源规划、招聘与培训在企业人力资源管理方面的作用也日益突出，随着互联网技术的不断发展，网络招聘渠道不断拓展，怎样进行人力资源规划、如何招聘到合适人才、怎样快速提高员工的职业技能，是任何企业在人力资源管理中都要解决的几大问题。基于此，本章就企业人力资源规划管理、企业人力资源招聘与录用管理、企业人力资源员工培训与职业规划管理三个方面的内容进行了详细又深入的分析。

第一节　企业人力资源规划管理

一、人力资源规划相关理论综述

（一）人力资源规划的概念

在20世纪70年代之后，人力资源规划成为人力资源战略管理过程中的一个重要环节。有许多企业和大量的组织开始意识到人力资源规划的作用，认识到人力资源规划是人力资源管理中最关键的部分，它关系到整个人力资源战略的实施。因此，未来或正在从事人力资源管理的人员都必须认识到在一个迅速变化的环境里，仔细研究并部署人力资源战略，有利于形成一个更加灵活、更加合适的组织，最终实现其战略目标。

人力资源规划实际上是根据企业的战略规划，对企业未来的人力资源需求以及供给状况做出分析和预测，并在这个基础上，制定相应的人力资源获取、利用、保持和开发政策，采取职务编制、员工招聘、测试甄选、培训开发、薪酬设计以及未来预算等人力资源管理手段，以确保组织在需要的时间和需要的岗位上获得各种所需的人才，使企业人力资源与企业发展相适应的综合性发展规划。

通常，人力资源规划与组织战略之间有着十分密切的联系。组织的长远战略目标是人力资源规划的前提，并且，当组织的战略发生改变时，无论是经营目标发生变化，还是经营方式发生改变，人力资源规划都会发生变化。人力资源战略规划属于企业经营战略的一种，涉及人员招聘、甄选、薪酬、培训等人力资源里的诸多板块，在整个人力资源管理的大系统中具有领头羊的重要位置和作用。人力资源规划应对人力资源管理大系统中的其他板块——企业员工的获取与配置、培训与开发、薪酬和福利等各种人力资源管理活动的目标、任务、实施步骤和资金预算，在时间上做出详细的计划和安排。只有对人员进行合理配置，才能使每个企业员工各司其职，有条不紊地展开工作。因而可以说，人力资源规划是企业各项管理工作的依据。如果没有事先对人力资源进行规划，人力资源的管理活动就会一片混乱。

（二）企业人力资源规划的步骤

企业人力资源的规划工作实际上就是一个从收集信息和分析问题到找出问题解决办法并加以实施的过程。这个过程的实行需要遵循一定的步骤，具体说来主要包括以下几个方面：

1. 调查收集和整理相关信息

当前在我国市场经济大发展的条件下，影响企业经营管理的因素越来越多、越来越多样化，主要包括市场占有率、生产和销售方式、产业结构、技术装备的先进程度以及企业经营环境等，除此之外，我国社会的政治、经济、法律等环境也会对企业的经营管理产生很大的影响。这些因素对企业制订人力资源规划具有硬性的约束，因此几乎所有的企业在制订人力规划时都必须加以考虑。

2. 了解企业现有人力资源状况

对企业现有人力资源状况的了解主要包括以下几个方面：现有人员的数量、质量、结构以及人员分布状况等。企业应对这几个方面的人力资源状况有一个明确的把握，只有这样才能为人力资源的规划做好充分的准备工作。这项工作要求企业要建立完善的人力资源管理信息系统，对企业员工的各种信息进行详细的记载，如个人自然情况、录用资料、工资、工作执行情况、职务、离职记录、工作态度和绩效表现等。只有企业的管理人员对本企业的员工有一个全面的了解，才能够最大限度地降低企业人力资源规划的风险。

3. 预测组织人力资源供求

对企业人力资源供求关系的预测，即采用定性和定量相结合的预测方法，对企业未来人力资源供求进行分析和判断。这项工作具有很强的技术性，企业人力资源规划的效果和成败就是由其准确度决定的，是人力资源规划工作中最为关键的一步。

4. 制订平衡人力资源的各项计划

企业在制订平衡人力资源的各项计划中，要以实际为基础，对各种条件要充分利用，制订总计划和业务计划，以平衡人力资源供求关系，并提出一些具体的政策措施，用来调整供求关系。这是人力资源规划活动的落脚点，人力资源供需预测是为这一工作服务的。

5. 对人力资源规划工作进行控制和评价

进行人力资源的整体预测是整个人力资源规划的基础，但是，预测与事实是有一定差距的。在计划执行的过程中，可能会因为各种不可抗拒的内外力因素的影响，导致人力资源与预期结果有一定差距，这就需要不断调整和控制先前制订的人力资源规划，使之与实际情况相适应。

人力资源规划的控制包括两个方面的内容：一方面是整体性控制，使人力资源规划满足企业经营计划的要求，符合企业内外部各方面的条件；另一方面是操作性控制，也就是对中小型的企业人力资源规划的实施情况进行跟踪与控制，然后考察人力资源的管理活动是否与计划保持一致。在实施控制的过程中，必须对员工的意见和反应充分重视。

6. 对人力资源规划进行评估

在整个人力资源规划的过程中，对人力资源规划进行评估是其最后的一步。人力资源规划是一个重要的开放系统，并不是一成不变的，因此必须定期对规划的过程和结果进行监督和评估。除此之外，还要对信息的反馈加以重视，并且要不断进行调整，使其更切合实际，以促使企业目标更好地实现。

（三）企业人力资源规划的原则

1. 企业战略与人力资源规划相衔接

企业人力资源规划所涉及的范围非常广泛，既可以在整个企业中运用，又可以只应用于企业的某个部门或是某个工作的集体；不仅可以单独制订，还可以集体制订。但要注意的是，无论采用哪种制订方法，也无论是应用在企业的哪个部门，都一定要与企业整体发展战略相衔接，只有这样才能保证企业的目标与企业的资源相协调，也才能够保证人力资源规划的有效性和准确性。

2. 充分考虑内外环境的变化

由于市场经济竞争日益激烈，企业内外部的环境也在不断发生着变化，因此企业在制订人力资源规划的过程中，必须对企业内外部环境的变化进行充分的考虑，否则所制订出来的人力资源规划就极有可能不符合企业自身发展的目标。

规划从制订之初就是面向未来的，是对企业的经营状况在将来一段时期内的整体考量，但是未来经营的不确定因素时有发生，其中包括内部因素和外部因素。内部变化主要是指产品的变化、销售的变化、企业员工的变化以及发展战略的变化；外部变化主要是指政府各项政策的变化、人力市场供需矛盾的变化、市场的变化以及竞争对手的变化。为了能够适应这些变化，在人力资源规划中，就应该对可能出现的情况做出全面的预测、准确的分析，然后还要制定出应对各种风险的对策和措施。

3. 促使企业与员工共同发展

企业所制订的人力资源规划不仅可以为企业自身的经营发展做出巨大的贡献，同时能够使内部员工得到进一步的发展。在知识经济时代，为了适应一系列的新变化，必须不断提高人力资源的素质，对企业而言，员工自身的前途也越来越受到他们的重视。对于所有的员工来说，工作不仅仅是一种用来谋生的手段，同样也是寻求自我实现的一种重要方式。企业想要实现自身经营和规模的不断发展，其与员工的发展是绝对分不开的。二者之间相互依存、相互促进，共同促成了企业的辉煌。由此来看，一份正确合格的人力资源规划，必须是保证企业在得到长远发展的同时，员工也能收获最大化的长期利益，能够实现企业与员工的共同发展。

（四）企业人力资源规划的内容

企业人力资源规划是企业对未来人员的需求和供给之间可能差异的分析，或是企业对人力需求与供给做出的估计。企业人力资源规划分为中长期规划和年度规划，年度规划是执行计划，是对中长期规划的贯彻和落实，中长期规划对人力资源规划具有方向指导作用。

企业人力资源规划主要包括以下几个方面的内容：

1. 人员补充规划

人员补充规划是指，在未来的一段时期内，为了使企业职位空缺得到质量和数量上的补充，进行的综合细致规划。人员补充规划是针对具体的职位制订出来的具体的人员补充规划，必须详细列出各个级别的人员所需要的资历、培训以及年龄方面的要求。

2. 岗位职务规划

岗位职务规划，就是要解决企业的定员定编的问题。在进行企业的定员定编过程中，需要依据自身发展的近远期目标，结合企业的劳动生产率以及技术、装备、工艺要求，确立相应的组织机构，设定企业的岗位职务标准。

3. 人力分配规划

企业的人力分配规划指的是，依据企业各级组织机构、岗位职务的专业分工来配置所需的人员，其中包括工人工种分配、干部职务调配及工作调动等内容。企业通过内部人员有计划地流动来实现对员工在未来职位上的安排和使用，其配备计划就是这种人才流动计划。

企业实行配备计划具有重要的作用，主要表现在三个方面。首先，当等待提升的人较多，而上层职位又较少时，那么就可以通过配备计划实现员工的水平流动，以减少员工的不满情绪，安心等待上层职位空缺的产生；其次，在企业人员过多时，工作方式也可以通过配备计划进行适当改变，对企业中不同职位的工作量进行调整，使员工工作负荷不均的问题得到解决；再次，当企业要求某种职务的人员同时具备其他职务的经验或知识时，就应该使其有计划地流动起来，以培养高素质的复合人才。

4. 教育培训规划

企业所制订的教育培训规划指的是，根据企业自身发展的实际需要，通过一定的教育培训方式，为公司培养出满足当前和未来所需要的各级各类合格员工。

5. 人员晋升规划

根据企业的组织需要，结合企业的人员分布状况，制订企业人员的职位提升方案，就是企业的人员晋升规划。对企业而言，保证人与事的匹配是高效率完成工作的必要条件，同时在自己喜欢的岗位上进行工作，也会极大调动员工的积极性，提高人力资源的利用率。晋升不仅可以实现员工的个人利益，还能够提升他们的工作责任感，增加他们的挑战心理。将保证人与事的匹配和有效的晋升机制这二者有机结合起来，就会对企业内部的员工产生一种巨大的能动作用，以使企业组织能够获得更多的利益。

6. 薪资激励

薪资激励对所有的企业来说都具有重要的作用，因为其对所有的员工都会产生巨大的激励作用。企业实行薪资激励，不仅能够保证企业的人工成本与经营状况保持一定的合适比例，还能够充分发挥薪资的激励作用。薪资总额的制定受到企业内部员工分布状况的影响，受到员工工作绩效的影响。通过薪资激励政策，企业可以在预测企业发展的基础上，推测和预算出未来的薪资总额，并能够以此为依据来确定未来一段时期内的激励政策。

7. 员工职业生涯规划

企业员工的职业生涯规划可以划分为两个层次，即个人层次的职业规划和组织层次的职业规划。职业生涯指的是，一个人从首次参加工作开始的一生中所有的工作活动与工作经历按编年的顺序串接组成的整个工作过程。个人层次的职业规划就是个人为自己设计的成长、发展和不断追求满意的计划；组织层次的职业规划则指的是，组织为了不断增强其成员的满意感，并使其能与组织的发展和需要统一起来而制订的协调有关组织成员个人的成长、发展与组织的需求、发展相结合的计划。其中，我们所说的人力资源规划中的职业规划指的是组织层次的职业规划。

8. 退休解聘规划

企业组织在制订退休规划时，一定要按照国家有关政策的相关规定来进行。对于需要解聘的员工，则需要按照劳动合同的相关要求来执行。在劳动合同期满或者双方约定的终止条件出现时，劳动合同就终止。当事人协商一致的，可以续订劳动合同；当事人其中任何一方不同意续订劳动合同的，劳动关系由此终止。在劳动合同的履行中，双方可以友好协商，对劳动合同予以解除；在合同满足法定解除条件时，当事人有权利解除劳动合同。

（五）企业人力资源规划的意义

1. 保证组织目标的完成

在整个组织计划中，人力资源规划可谓是最基础的部分之一。制订人力资源规划的最终目的是为了企业能够更好地发展，这其中的另外一个小一点儿的目的就是确保组织完成发展战略。当前经济环境下，竞争更加激烈，许多组织为了谋求长久的生存和发展都根据自身的实际情况制定了独特的发展战略。一旦将经营战略与计划确定下来，那么下一步就是要有人去执行和完成，人力资源规划就是为了能够保证计划更有效地执行。通过对人员的数量与结构、职位设计、人员补充、教育培训和人员配置进行规划来为企业挑选出合适的人才完成预定目标。

2. 有利于改变组织内部人力分配不合理状态

通常情况下，在对现有的人力资源状况进行分析后，才能制订出合理的人力资源规划。只有对现有人力资源状况进行分析，才能更切合实际地着眼于发掘组织内外部人力资源的潜力，谋求改进人员结构、人员素质，更好地适应组织所面临的环境变化。

3. 为组织的发展提供人力保证

人力资源规划的任务就是要规划组织未来需要的人才的结构、人才的数量，为组织发展提供适量、优质的人力保证。

4. 有助于调动员工的积极性

人力资源规划为以后人员的配置指明了方向，与员工密切相关。如果人力资源规划得当，那么会使每个人在自己的工作岗位上各尽其能，这样也就极大地调动了员工的积极性和主动性；如果规划不得当，或者干脆毫无规划，那么员工的积极性就会被挫伤。在一个科学优秀的规划下，员工才可以看到自己的发展前景，从而积极地努力争取。否则，在前途和利益未知的情况下，员工就会表现出干劲不足，甚至有能力的员工还会采取另谋高就的方法实现自我价值。如果有能力的员工流失过多，就会削弱企业实力、降低士气，从而进一步加速员工流失，使企业的发展陷入恶性循环。人力资源规划有助于引导员工职业生涯设计和职业生涯发展。

5. 提高人力资源的使用效率

通过人力资源规划，管理者可以一目了然地预测人力资源的短缺和富余，将人力资源从多余的部门配置到不足的部门，这样有效避免了人员的闲置和冗杂，避免了本来一个人可以干的事情却有多个人在干的情况，大大节省了人力资源。同时，人力资源规划有助于组织降低人员的使用成本，向员工提供适合个人的职业生涯发展计划，提高员工生活质量。人力资源规划不仅为组织节省了成本，同时增强了员工对组织的认同感。

6. 有利于人事决策

人力资源规划通常会对员工信息做一个详细的统计和记录，而这些基本的信息又是人事决策的基础。对一个企业而言，人事决策对管理的影响是非常大的，而且持续的时间长，调整起来也困难。为了避免这个问题，人力资源规划所统计的信息是十分有效的，能够提前为一些人员的变动做准备。

（六）影响人力资源规划的因素

宏观经济剧变。例如：从计划经济走向市场经济、全球性的金融危机、人口流动迅速增加等。

企业管理层变更。高层管理人员的变化会使企业的战略目标发生变化，进而影响到企业的人力资源规划。

政府的政策法规。政府出于多方面考量，会对一些原先的政策法规进行制定、修订或者取消，这会影响到企业的人力资源规划。例如：外来人员的用工制度、工资最低限制线以及员工的保险制度等等。

技术创新换代。市场的竞争极大地推动了技术发展，电脑的广泛使用以及一些新技术的推广会出乎人们的预料，这样会改变企业中原来的人力资源需求与供应，进而影响人力资源规划。

企业的经营状况。一旦企业的经营状况不佳，或者明显好于预想，也可能影响到企业的人力资源规划。

人力资源部门人员的素质。一个企业的人力资源规划，一定程度上反映的是该企业的人力资源部门人员的素质。反之，人力资源部门人员素质的高低，也影响着人力资源的规划。

二、企业人力资源规划供需预测分析

从战略规划和发展目标出发，根据企业内外部环境的变化，制定出企业的人力资源供需预测，是满足企业运营过程所需要的人力资源的基础。

（一）人力资源供给预测

1. 人力资源供给预测的影响因素

（1）人力资源供给预测的外部影响因素

①宏观经济形势

宏观经济的状况对于人力资源的供给有直接的影响，包括 GDP 的增长率、所处的经济发展周期、各个产业的结构及其发展水平、国际经济局势与政治局势等，都对人力资源的供给产生重要的影响。

②社会保障

社会保障政策的实施对劳动力市场有双重的影响。这一点在发达国家与发达中国家之间形成鲜明的对比。在一些发达国家，由于社会保障相对完善，从积极方面看，可以促进劳动力的充分合理流动，提供更多的就业保障，但是过于优厚的社会保障可能导致企业和社会的成本剧增，不利于刺激企业和个人的创新。相反，许多发展中国家面临的问题是保障不足，滞后的社会保障机制无法有效保障劳动者的权益。无论是发达国家还是发展中国家，都面临着两难的选择。

③劳动力市场

劳动力市场指的是，在一定经济环境下劳动力的供求数量与结构关系。从量的角度看，如果市场上的劳动力资源丰富，企业可以选择的范围和自由度就大，找到合适职员的概率就相应提高。从质的角度看，在知识经济的时代背景下，企业对劳动力的素质也会提出更高的要求，一般包括知识、技能、素质三个方面。而胜任力模型研究表明，胜任力的提升有助于提高企业的绩效。因此，企业必须根据自身的发展状况，制订出有前瞻性的人力资源规划，才能在竞争激烈的劳动力市场上获得更多的优势。在分析外部劳动力市场时，主要还要考虑以下因素：人口因素，该因素是对劳动力供给总量与结构的约束；社会和地理因素，劳动力的外部供给还会受到社会和地理因素的制约。在交通设施和其他市政功能比较落后的情况下，劳动者的迁徙成本相对较高，一定程度上阻碍了劳动者的流动和供给。

④法律法规

纵观世界各国的发展历程，一个显著特点是对劳动者权益的保护都不断走向完善，这是一个历史趋势。从源头上抑制企业的违法行为，那么在进行人力资源规划的时候才能有一个稳定的预期，从而提高员工的忠诚度。一个具有良好忠诚度的企业，才能在激烈的竞争中稳步向前。

⑤劳工组织

在成熟的经济体中，工会组织在保护劳方利益方面发挥着重要的作用。对于参加了工会的成员，企业在决定是否聘用或改善其待遇的时候，必须与工会组织通过集体谈判，并以严格规范的协议签订合法的劳动合同；对于工作岗位，必须明确相应的权责范围。对于未参加工会的人员，虽然会受国家相关法律的保护，但其维权成本远大于参加工会的人员。因此，工会组织在为企业提供合适人力资源方面起到了至关重要的作用。

（2）人力资源供给预测的内部影响因素

①人员离职与流失

企业内每年都会有员工离职与流失的情况，这对企业内部人力资源供给预测有很大的影响。一般说来，员工离职可能是由企业外部的吸引力引起的，如转到其他组织工作可以获得更高的收入或更有更好的发展机会。但员工离职也可能是由组织内部问题引起的，如工作压力大、人际关系紧张、不能适应工作、对工作失去兴趣等。

②现有人力资源的运用情况

人力资源运用情况包括员工的工作负荷情况是否饱满或者超负荷、员工的缺勤状况、工时利用情况、部门之间是否存在分工不平衡的情况等，若缺勤情况严重而不能改善，可能会影响企业的人力资源供给。

③组织内部人员的流动

企业组织内部人员的流动主要包括升职、降职和内部水平调动三种情况。由于大多数企业的各个部门都需要一定的人力资源支持才能完成正常的工作，因此这些企业内部人员的流动状况必然会对企业的各个部门产生一定的影响。

④人力资源供给渠道分析

人力资源供给渠道分析提供了企业渠道获取所需人力资源的信息。人力资源供给主要有两个途径，即企业的内部供给和企业的外部供给。当企业出现工作岗位空缺时可以首先考虑能否通过岗位轮换、晋升等方式从企业内部填补岗位空缺。当企业内部无法满足或无法全部满足岗位空缺所产生的人力资源需求时，就必须通过外部供给渠道来解决。

在很多情况下，雇用到优秀员工并不是件容易的事情。当今社会，人才争夺日益激烈，不 仅各企业制定各种吸引人才的优惠措施，各国政府也配合制定相应政策，因此，在对人力资源供给进行预测时，必须对劳动力市场供给和政策供给进行全面评估。

2. 人力资源供给预测方法

（1）替换图法

在组织中，预测特定时期内空缺职位（尤其高层管理者）流动状况是确定人力资源供给的必要工作，如 IBM 公司、通用汽车公司。这种方法是在对人力资源彻底调查和现有劳动力潜力评估的基础上，分析出组织中每一个空缺职位的内部供应源。

这种方法用人员替换图来显示每一职位未来可供替换的人选，从而预测出组织内的人力资源供给。

根据人员替换图可以判断出某一具体职位的继任者有哪些。当企业出现空缺职位，需要提升内部员工时，由多张人员替换图就可以推出人员替换模型。

（2）人力资源盘点法

所谓人力资源盘点指的是对现有企业内人力资源质量、数量、结构和各职位上的分布状态进行核查。这个预测方法是为了使管理者更好地掌握人力拥有量，在企业规模较大的情况下，通常在人员核查时会建立员工信息系统。

员工信息系统就是将每位员工的资料信息整理归档，记录在“员工档案卡”上，建立员工信息资料库。“员工档案卡”有时又被称为员工的技能管理图。“员工档案卡”上的信息应包括：背景资料、教育水平、个人能力或特殊资格、职称、培训经历、持有的证书、目前职位、工作绩效、兴趣爱好、职业生涯目标、主管对其能力评价等。其中有关技能的信息可反映员工的竞争力，可用于判断哪些现有的员工能够被提升或调配到空缺职位上来。员工信息资料库也可以作为人才库，将不同类型的人才归类。有了这样的资料库就可以随时找到能够被调配到空缺职位上的最合适的人选。资料库中首次资料的收集一般采用问卷法，以后每年进行补充，以便在盘点时能够获得员工准确的最新资料。

在进行人力资源盘点的过程中，可以先对组织的工作职位进行分类，划分其级别，然后确定每一职位每一级别的人数。以下（表 2-1）为某企业的人力资源现状核查表。

表2-1 某企业的人力资源现状核查表

级别	管理类	技术类	服务类	操作类
一级	2	3	2	23
二级	9	11	7	79
三级	26	37	19	116
四级	61	98	75	657

从上表中可以看出，该企业把企业员工划分为管理类、技术类、服务类和操作类四类职系，每类职系四个级别。该企业管理类员工的一级员工为 2 个、二级员工为 9 个、三级员工为 26 个、四级员工为 61 个，其他技术类、服务类和操作类员工依次可以从表中了解到。表中各类员工的分布状况相当明朗。

运用技术调查法可以知道企业内人力资源供应的状态，主要作用如下：

- 对当前企业所有不同种类的员工供应状况做出评价；
- 将晋升的和换岗的候选人确定下来；
- 对员工是否需要培训做出明确规划；
- 引导并帮助员工确定有效的职业计划与职业途径。

（3）马可夫模型

马可夫矩阵的基本思想就是搜集信息——找出规律——运用规律，具体是指，根据人员流动的情况来总结规律，根据这个来推断未来的人员流动趋势，基本假设是过去内部人员流动的模式和概率与未来大致相同。运用马可夫矩阵预测人力资源供给时需要首先建立人员变动矩阵表，它主要是指出某个人在某段时间内，由一个职位调到另一个职位（或离职）的概率。马可夫矩阵可以清楚地分析企业现有人员的流动（如晋升、调换岗位和离职）情况。

表 2-2 是假设的某企业技术人员的变动情况。该表表明，在任何一年里，平均 80% 的高级工程师留在原来的岗位，20% 离职；大约 65% 的技术员留在原来的岗位，15% 晋升为助理工程师，20% 离职。通过这些数据，能清楚地看到每一类人员的流动率，通过人员的流动来预测未来人员的供给量。具体的做法是将计划初期每一类人员的数量与每一类人员的流动率相乘，然后纵向相加，这样就能预计出未来人力资源供给量（表 2-3）。该企业预计计划期内将需要同样数量的高级工程师（40 人）和助理工程师（120 人），但技术员和工程师将分别减少 50 人和 18 人。根据这些情况该企业可以制订相应的人员计划，引进人才或将更多的助理工程师提拔到工程师职位。

表2-2 马可夫矩阵分析举例（1）

职位层次	人员流动概率				
	高级工程师	工程师	助理工程师	技术员	离职
高级工程师	0.80				0.20
工程师	0.10	0.70			0.20
助理工程师		0.05	0.80	0.05	0.10
技术员			0.15	0.65	0.20

表2-3 马克夫矩阵分析举例（2）

职位层次	期初量	高级工程师	工程师	助理工程师	技术员	离职
高级工程师	40	32				8
工程师	80	8	56			16
助理工程师	120		6	96	6	12
技术员	160			24	104	32
人员供给量预计		40	62	120	110	68

（4）市场调查预测法

企业人力资源管理者可通过国家统计年鉴、人社部门及专业调查咨询机构公布的数据信息及时掌握人才市场动态，也可直接参与第一手市场资料的调查获得有价值的资料来预测未来劳动力市场的变化规律。这是一种较客观的调查方法。市场调查程序一般分确定调查任务及目标、情况分析、非正式调查、正式调查和撰写报告五个阶段。这中间调查人员的选择对调查结果有重大影响，因此必须选择具备敬业精神、综合素质较高的人员参与调查活动。

（5）相关因素预测法

相关因素预测法是通过调查、分析，确定影响劳动力市场供给的各种因素，分析这些因素对劳动力市场变化的作用和影响程度，预测未来劳动力市场的发展规律。

由于影响因素较多，一般只对主要的影响因素（组织因素和劳动生产率等）进行分析。以联想集团为例，在成为奥运会赞助商及并购 IBM 之 PC 业务之后，联想集团便开始迅速发展欧美业务，预测这些地区的顾客数量、销售量、产量变化对联想品牌的国际化影响重大。联想集团的实践验证了选取的组织因素必须满足两个条件：一是组织因素应该与组织的基本特性直接相关，企业以此来制订战略规划；二是组织因素应该与所需员工数量成比例。

（二）人力资源需求预测

1. 人力资源需求预测的影响因素

（1）政府方针政策的影响

政府的方针政策会对企业人力资源的需求预测产生很大的影响。我国在 2008 年 1 月 1

日颁布施行了新的《劳动法》，其中强化了对部分弱势员工的强制保护，法律对年龄较大、再就业困难和可能产生职业危害的劳动者，给予更为坚实的保护。在这项法律中，企业不能再随便与员工解除合同，这方面的相关规定充分体现了《劳动法》保护劳动者合法权益的立法宗旨，因此企业在进行需求分析时应注重考虑政府方针政策的影响。

（2）市场的动态变化

从市场的动态来看，随着市场经济的不断发展，人民收入的不断提高，消费者的需求也变得日益复杂多样，供求矛盾更加尖锐，加上城乡之间的交往、地区间往来的日益频繁，旅游事业的不断发展，国际交往的逐渐增多，人口流动性的增大，购买力的流动性、多样性增强，使得企业所面对的环境越来越复杂。因此，企业只有密切关注市场动态，提供适销对路的产品，才能在激烈的市场竞争中占有一定的优势。反过来，市场的动态变化也要求企业的人力资源结构需要不断进行调整。因此企业在进行人力资源分析时要充分注意市场的变化。

（3）劳动力成本的变化趋势

随着中国经济的不断发展，市场经济的逐渐成熟，我国的劳动力成本也在逐年上升，导致企业经营成本增加，这些会对企业产生很大的影响。因此，为了保证企业的利益，企业就需要最大的限度地利用企业的内部员工，尽量不对外招聘新员工，这对企业人力资资源需求分析会产生重要的影响。

（4）企业的人力资源政策

企业制定的人力资源政策，特别是薪酬政策，对内部和外部人力资源会产生十分重大的影响。公司的薪酬政策是否处于同行业的领先水平，直接影响着外部人力资源是否进入企业进行工作，以及内部人员是否会不满现状去其他企业寻求更好发展。

（5）企业的发展阶段

企业在不同的发展阶段，在不同的生命周期进行人力资源预测的过程中，要考虑不同的策略、不同员工的要求，同时也要考虑不同阶段对人力资源产生影响的因素。

（6）其他因素

除上述因素外，社会安全福利保障、工作时间的变化、追加培训的需求等因素也应在企业的考虑范围之内。

2. 人力资源需求预测的方法

（1）专家意见调查法

专家意见调查，是以问卷的形式，让每一位参与调查的专家都能够对同一个专业问题提出自己的见解，并且给出具体的理由。在问卷调查进行期间，各位专家的意见，是由一位专门的人员进行收集和整理，并且这些估计值会汇集成一份资料，最后反馈给专家。各位专家参阅过所有资料后重新做出估计，决定是否需要对原先的数值进行修正。如此反复进行几次，可以将估计值的差距拉近。用专家意见调查法进行预测，优点是集思广益，并且可以避免群体压力和某些人的特殊影响力，缺点是花费时间较长。

（2）德尔菲法

德尔菲（Delphi）法是美国兰德公司（Research and Development Corporation，简称

RAND Corporation）于 20 世纪 50 年代发明的。德尔菲法是结合函数调查法与专家会议两种方法，对有关专家的分析意见做出进一步的统计分析，并通过多次反复以达到在重大问题上较为一致的结构性方法。通常经过三到四轮咨询，专家们的意见可以达成一致，而且专家的人数以 10 ~ 15 人为宜。使用该方法的目的是通过综合专家们各自的意见来预测企业组织某一方面的发展。由于其简便易行，被广泛地运用于经济预测分析之中。由于这种方法是对每个专家采用匿名问卷的方式进行的，因而避免了人际关系、群体压力等缺点，也解决了难以将专家在同一时间集中在同一地方的问题。这种方法由于简单可靠而被广泛应用。

尽管德尔菲法具有明显的优点，但是这一方法需要在其他方法的辅助下补充完成。难点在于如何提出简单明了的问题，对专家的意见进行归纳总结。

（3）散点图法

散点图法是借助图形来分析部门人力资源需求的方法，用起来比较直观实用。借助散点图法，可直观地把部门经济活动中的某种变量与人数之间的关系变化趋势表示出来，从而可以设定该变量目标值，推知未来部门人员需求量。散点图法的典型步骤如下：

第一步，选择一个相关的因素进行调查，找出它与人力资源的需求量五笔以上的历史资料，如销售额。

第二步，做出这个变量与人力资源需求量的坐标系，根据历史数据描出点。

第三步，由描出的点作一条与各点之间距离最小的直线，然后根据所确定的目标值找到相对应的人力资源需求量。

散点图法相当直观实用，但由于预测过程中受直观感觉的影响，精确度不高，它只适用于粗略的估计。

（4）趋势分析法

趋势分析的做法是：先确定企业中哪一种因素与人力资源数量和构成的关系最紧密，然后找出过去这一因素随着人力资源数量变动的变化趋势，由此推断将来的人员需求数量。表 2-4 是趋势分析的一个示例。这个例子描述了产量与质量检验员人数之间的关系。如果某公司预计明年的销售量是 2200 单位，那它就需要大约 200 个检验员。趋势分析假设过去人员增加（或减少）的趋势在未来不会改变。这个假设与现实不太符合，尤其是估计长期趋势，很多因素会改变。因此，对预测结果必须加以调整，要结合经理人员的经验判断才能做出合理的预测。

表2-4　趋势分析举例

年份		产量	检验员	检验员：产量
实际	-3	1500	150	1：10
	-2	1800	180	1：10
	去年	2000	180	1：11
计划	明年	2200	200	1：11
	+2	2500	210	1：12
	+3	2750	230	1：12

（5）回归分析法

实际上，回归分析法应该被归入定量预测技术之中，是通过建立人力资源需求及其影响因素之间的函数关系来推测人力资源需求量变化的一种数学方法。常用的是简单的单变量预测模型（一元线性回归）和复杂的单变量预测模型（多元线性回归）预测技术。

（6）趋势分析法

"趋势分析法是指预测者根据员工数量的历史数据来确定其长期变动趋势，从而对企业未来的人力资源需求做出预测。"[①] 具体做法是：①把时间作为自变量，人力资源需求量作为因变量，根据历史数据，在坐标轴上绘出散点图；②由图形可以直观地判断应适合哪种趋势线（直线或曲线），从而建立相应的趋势方程；③用最小二乘法求出方程系数，确定趋势方程；④在此基础上，可对未来某一时间的人力资源需求进行预测。

趋势分析法简单直观，但是由于在使用时一般都要假设其他的一切因素保持不变或者变化的幅度保持一致，而未来不确定因素太多，过去毕竟不能代表未来，因此具有较大的局限性，多适用于经营稳定的企业或作为企业人力资源需求分析过程的初步分析。为保证人力资源需求预测的准确性，还应该借助其他分析方法。

三、人力资源政策的制定

人力资源计划中一项重要的内容是人力资源政策。人力资源政策的制定流程用图 2-1 来进行形象的说明。企业的人力资源政策是根据不同情景而灵活制定的，情景主要有两种：人力资源短缺和人力资源富余。

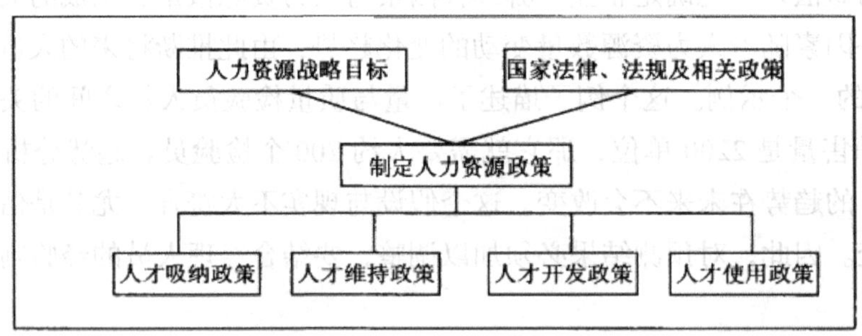

图2-1 企业人力资源政策制定流程图

（一）人力资源短缺时的政策制定

当企业人力资源短缺时，应该制定以下政策来弥补人力资源的不足：

➢ 对企业每个部门岗位的人员信息做一个系统的了解，将富余人员安排到一些人员短缺的岗位上去；

①李中斌等：《人力资源战略管理》，中国社会科学出版社2008年版，第95页。

➢ 对员工进行培训，时刻应对人员短缺但又暂时没有合适的人选的情况；

➢ 鼓励员工合法地加班加点；

➢ 提高员工工作的积极性，进而提高效率；

➢ 聘用一些兼职人员；

➢ 聘用一些临时的全职人员；

➢ 聘用一些正式员工；

➢ 把一部分工作转包给其他公司；

➢ 添置新设备，用设备来缓解人员的短缺；

➢ 减少工作量（或产量、销量等）。

以上的政策，其中前四条是内部挖掘潜力。虽然也要增加一些成本，例如：增加工资、奖金、福利等，但相对代价较低，有利于企业的长期发展，是企业首选的政策。后三条属于较消极的政策，对企业长久的发展不利，因而在使用时要慎重。其他三条属于中策，当内部挖掘潜力已相当充分时，不妨运用一下，但也要谨慎。

（二）人力资源富余时的政策制定

当企业人力资源富余时，一般采用下列政策来促进企业的人力资源供求平衡：

（1）鼓励提前退休。在遵守政府法规政策的条件下，企业可以适当地放宽退休的年龄和条件限制，鼓励更多的员工提前退休。提前退休使企业减少员工比较容易，但这种方法也存在一些问题：一是成本较高；二是会有一些企业还需要的员工也离开了企业。

（2）减少工作时间。通过减少工作时间，增加无薪假期调节人员过剩，可以使企业减轻财政上的负担，同时避免企业需要员工时再从外部招聘员工。

（3）岗位自然减少。即通过自然减员的方式减少人力资源的需要量。当企业出现员工退休、离职等情况时，对空闲的岗位不再进行人员补充，只有当空缺的岗位会影响到整个组织时，才补充该岗位空缺，采取自然减少人员补充的方式往往数量有限。

（4）减少工资或限制工资增长。在很多情况下，裁员或减员会引起员工和工会的反对，甚至会在全体员工中产生不必要的恐慌。企业可以通过限制工资增幅或者适当减少工资的办法来降低人工成本，提高市场竞争力。

（5）裁员。裁员是一种万不得已的办法，因为，裁员就意味着一部分员工要失业，而失业对个人来说是十分痛苦的事情。因此企业在裁员时一定要慎重考虑。

四、制订人力资源规划

在收集相关信息、预测人力资源供求的基础上，就可以制订人力资源规划了。主要包括的内容有以下几个方面：

第一，计划的时间段。确定规划期间的长短，要具体列出开始和结束时间。长期人力资源规划，时间跨度比较长；短期人力资源规划，时间跨度比较短，多以一年为限。

第二，计划的目标。确定规划所要达到的目标。一般表现为确定规划期内组织相关岗位上人员应增加或减少的具体数字。应在人力资源供求预测结果比较准确的基础上确定目标。该目标一般包括用数字表示的人员增减量和时间期限两个部分。

第三，具体内容。这是人力资源规划的关键部分，主要包括以下内容：

- 内容要具体明确。比如，某会计师事务所招聘几位基础会计人员。
- 执行时间。写明从开始执行到执行结束的具体日期。
- 负责人。即负责执行此项目的负责人。
- 检查人。即负责检查该项目执行情况的人。
- 检查日期。写明具体的检查日期与时间。
- 预算。写明该项目的具体顶算。

第四，计划制订者。规划制订者可以是一个人，也可以是一个部门。

第五，计划制订日期。该规划被正式批准生效的日期，如董事会通过的日期、总经理批准的日期等。

五、执行人力资源规划

（一）人力资源规划的执行主体

企业人力资源规划的基础是人员补充计划、人员使用计划、培训开发计划、退休解聘计划等人力资源业务计划，这些计划是在各部门负责人制订本部门的人员招聘使用、培训开发、晋升解聘等计划的基础上层层汇总到人力资源管理部门，然后经过人力资源管理部门详细周密的分析，结合企业当前情况对企业战略做出分析，才能制订出来。在整个过程中，人力资源管理部门都与各部门的人力资源基础性工作关系紧密。

人力资源规划应由具体的部门或团队负责，可以考虑以下几种方式：

- 由人力资源部门负责办理，其他部门与之配合。
- 由某个具有部分人事职能的部门与人力资源部门协同负责。
- 由各部门选出代表组成跨职能团队负责。

（二）人力资源规划的执行步骤

执行人力资源规划是最后的十分重要的一环。如果前面的计划定得十分理想，但是在执行过程中出现了问题将前功尽弃。执行人力资源规划主要包括以下几个步骤：

1. 实施

实施是最重要的步骤。在实施过程中要注意以下几点：

- 要遵照计划；
- 在实施前做到心中有数，做好准备工作；
- 实施时尽可能做到全力以赴。

2. 检查

检查是整个实施过程中不可缺少的一环。在实际操作中，由于好多企业没有做好检查这一项工作，从而引发了许多不必要的问题。例如：使实施流于形式，使实施缺少必要的压力，不能掌握第一手信息。通常会由实施者的上级来担任检查者，也有平级担任的，但一般要避免由实施者本人或下级来担任。在检查前也有一定的准备工作，对检查的目的和内容做到心中有数，列出具体的检查提纲。检查一定要认真进行，切不可流于形式。检查后，要做到及时反映和沟通，检查者要真实地与实施者沟通检查结果，以利于激励实施者，使之以后更好地实施项目。

3. 反馈

不能检查完了就觉得万事大吉了，一定要做出相应的反馈。可以说，在企业人力资源规划中，只有经过反馈，认真分析反馈结果，才能更为详细地知道计划中哪些内容是可行的、哪些内容是不可行的、哪些内容需要进一步完善。

在反馈中，需要注意的是，一定要保证信息的真实性。事实上，由于环境和个体的不同，有许多信息不一定真实，因此去伪存真、去粗取精显得格外重要。反馈可以由实施者进行，也可以由检查者进行，也可以由两者共同进行。

4. 修正

在整个执行过程中，修正是最后一个步骤，因为再怎么周密的计划总会因为各种突发状况而百密一疏，谁也不能保证计划完全正确。因此，要根据具体环境的变化，适时调整和修正计划。

一般来说，修正一些小的项目，或修正一些项目中的局部内容，涉及面不会很大。但如果要修正一些大的项目，或对原计划中的许多项目进行修正，或者对预算做较大的修正，往往要经过最高管理层的首肯。

第二节　企业人力资源招聘与录用管理

一、企业人力资源招聘

人力资源，是指推动社会发展、具有劳动能力的人口总和。人力资源是各种生产要素中最重要、最珍贵的资源。人力资源的衡量标准基本分为体力和智力两个方面。

人力资源招聘是人力资源管理中重要的一环，也是人力资源管理的基础。随着社会进步，当今社会可以被称为人才资源型社会，人才对企业发展的重要性是众多企业的共识。在当今竞争越来越激烈的人才市场上，为了争夺优秀的人才，各个企业摩拳擦掌，千方百计地想要将优秀人才纳入自己麾下，这种氛围的形成正是因为优秀的人才可以影响到企业的发展甚至是生死存亡。人力资源管理的吸纳功能变得尤为重要，吸纳功能主要是通过人力资源招聘显现出来的。了解企业自身的条件，制订符合企业条件的人力资源招聘目标以及计划，通过吸纳人才的方式促进企业发展、实现企业的盈利目标，是人力资源招聘的目的。

（一）人力资源招聘的内涵

人力资源招聘的本质是通过招聘手段吸引适合企业的人才加入企业，增强企业竞争力的一个管理过程，这个过程要围绕公司的发展方向和招聘需求来进行。人力资源招聘有多种渠道和方法，相关部门和人员按照不同需求通过不同渠道采用不同的方法进行员工招聘。吸纳到对企业发展有用的人才对于企业人力资源来说是非常重要的。企业运行靠的是人，人是企业运转的核心动力，在当今的知识经济时代，人才显得尤为重要，人才已经成了当今企业的核心竞争力之一。不论是什么行业什么企业，人才的重要地位都得以体现，只有抓住人才才能在市场竞争中占据主动地位，才能从根本上推动企业的发展和进步。所以对于企业的人力资源部门来讲，如何吸纳有利于企业发展的优秀人才已经成了他们最重要的工作内容。人力资源招聘工作不仅和人力资源部门有关，还对整个企业的管理具有重要影响。企业招聘工作的开展决定了企业是否能够吸引到新的人才加入，影响着企业内的员工流动，也会对人力资源管理费用产生影响，同时招聘也是企业对外宣传的一种方法和途径。

（二）人力资源招聘的基本原则

人力资源招聘是企业人力资源管理重要的环节，它是企业发展的基础和前进的动力，它是企业得以生存发展的基础保障。在进行人力资源招聘时，企业应该遵循以下几项原则：

1. 能岗匹配原则

能岗匹配是企业进行人力资源招聘时的首要原则，能岗匹配是指将人才的能力与企业提供的岗位相结合，做到人尽其才，使人才资源得到最合理的分配。这可以在两个角度进行解释：一是从个人能力角度出发，要做到人尽其才，让人才的能力可以在合适的岗位上得以充分发挥；二是从企业职位要求的角度出发，要求招聘到的员工可以符合该职位的全部要求，让该职位的效用得到充分发挥。避免能力与职位要求不符的现象。

2. 双向选择原则

双向选择原则遵循的是自由互利原则，企业可以根据自身情况自主选择适合企业的人才，劳动者可以根据自己的能力和偏好选择想要加入的用人单位，双方都没有强制对方的权利，招聘过程必须遵循自主自愿原则。从企业的角度来说，双向选择能够使企业更大范围地对人才进行筛选，只选择利于企业发展的人才进行吸纳，这会稳固企业的生存、促进企业的发展，同时可以提高经济效益，建立良好的企业形象。从劳动者的角度来说，双向选择使他们获得更大的择业空间，根据自身的能力水平和招聘市场的供给情况，可以最大限度地选择符合自身期待和偏好的职业。为了得到想要的工作，劳动者会主动参与学习和培训，增强自身竞争力，以便在激烈的岗位竞争中取得胜利，得到自己心仪的工作。

3. 高质量基础上的效率优先原则

在这个快节奏的时代，效率在很多环节决定了成败，在招聘市场中也不例外。招聘工作高效率的企业能在人才市场中取得更好的机会、吸纳更好的人才。招聘的效率优先原则体现在适当的招聘形式和方法上，要在激烈的人才竞争市场上取得好的成果，就要根据不同岗位的不同要求采用不同的招聘方式，并在保证招聘质量的基础上，将招聘成本降到最低。提高企业招聘效率的目的是，用最低的招聘成本获得最好的招聘效果，降低成本的同时要保证质量、提高效率。也可以说，效率优先原则即指以比其他企业低的招聘成本，吸纳与其他企业招聘到的同一素质水平的人才。

4. 竞争、择优、全面的录用原则

人力资源招聘工作必须配合相应的科学考核制度和录用标准，通过适当且专业的方法对人才进行考核。不能只凭主观臆断，要靠科学的考核制度进行人才筛选，这样才能保证招聘到真正适合企业的人才。同时还应该注重招聘的全面原则，考核不仅要检测劳动力的专业能力，同时还要进行道德操守、文明素质等多个方面的考察。

（三）人力资源招聘的影响因素

企业行为会受到各种因素的影响与制约，人力资源招聘作为企业的一种管理行为，也同样受到多种外部因素的影响和制约。影响企业人力资源招聘的主要因素分为三类，即外部因素、内部因素以及个人因素。

1. 外部影响因素

1）国家的政策法规

国家的相关法律法规对企业的人力资源招聘行为有一定的限制性，它限制了企业招聘的外部边界。国家法律法规对企业招聘进行了人员和范围上的限制，规定了企业可以招聘的人员范围，招聘活动应该在法律规定的范围内进行，与国家相关法律法规相违背的行为是不被允许的。目前，与我国企业人力资源管理有关的两部重要法律为《中华人民共和国劳动法》和《中华人民共和国劳动合同法》。

2）社会经济制度和宏观经济形势

企业的运营模式受到社会经济制度的影响。在传统的计划经济时代，企业招聘是按政府规定计划进行的，这使很多人才的能力得不到充分发挥，是一种人力资源的严重浪费。随着改革开放，我国的社会经济体制发生变化，企业的招聘制度也与以前大不相同了，企业开始采用公开招聘的全新制度，招聘的方式方法也变得科学化和多样化。

宏观经济形势对企业招聘的影响主要表现在三个方面：

第一，宏观经济形势会对整个社会的经济产生影响，这也包括企业的经营情况。企业的经济状况会影响企业的招聘需求。

第二，宏观经济形势中的通货膨胀会引起货币贬值、物价上升，这就会间接影响企业进行人力资源招聘的成本。

第三，政府采取的宏观经济调控手段会直接作用于企业，对企业的发展路线和方针产生影响，进而影响到企业进行人力资源招聘的吸纳能力。

3）传统文化及风俗习惯

传统文化及风俗习惯对人力资源招聘的影响是一种有惯性的、在潜意识层面发生的影响。因为它是经过漫长岁月形成的一种思维模式，导致了这种影响的顽固性。例如：日本一直采用终身雇佣制的雇佣形式，这种雇佣模式依旧深深影响着日本的招聘市场。在我国，长久的文化积淀产生的传统思想根深蒂固，一些传统思维模式至今仍旧影响着我国的招聘市场，这一定程度上不利于我国企业的发展。比如，在传统思想中“三教九流”的职业仍受到一定程度的歧视，是从业者无法得到应有的尊重以及正确的评价；“男尊女卑”的恶劣思想使得许多有才华的女性被忽略，她们的工作能力得不到发挥，价值得不到体现。诸如此类的传统思想深深影响着招聘市场，这非常不利于人才市场的健康发展。

4）外部劳动力市场

企业的外部招聘主要是在劳动力市场上进行的，这就导致企业招聘会受劳动力市场供求的影响。当劳动力市场处于供不应求的市场状况时，企业的人力资源招聘就会比较困难，不容易招收到合适的劳动力；当劳动力市场处于供过于求的市场状况时，企业的人力资源招聘就会相对容易推进，比较容易招收到合适的劳动力。因为劳动力市场的劳动力结构复杂，所以在分析外部劳动力市场的影响时，一般会进行合理细分之后再进行分析，可以按照职位层次或者职位类别的方式分类。

5）竞争对手

因为企业进行人力资源招聘本着双向选择的原则，这就使得应聘者有更大的选择空间，应聘者可以“货比三家”再进行最终决定。这就意味着，在人才招聘活动中，竞争对手也是非常重要的一个影响因素。企业招聘的方针政策不如竞争对手，就会导致企业的吸引力降低，从而导致人才流向竞争对手，这不利于企业招聘。

2. 内部影响因素

1）企业的经营战略和用人政策

企业的经营战略和企业文化等都会对企业的招聘产生影响。因为不同的企业有不同的发展战略，人力资源招聘是按照企业发展路线进行的，所以不同的发展战略会产生不同的招聘需求，同时不同的发展战略会导致不同的招聘方式方法。企业高层决策人员的用人政策不同，对员工的素质要求也不同。与此同时，企业决策人员对招聘方式的不同偏好，也会影响企业的人力资源招聘方式。

2）企业自身的形象和条件

企业形象也会影响企业的招聘效果，这是企业的品牌效应。企业的社会形象越好对应聘者越有吸引力，也就越有利于企业的人才吸纳。企业也可以提供良好的就职条件，增强应聘者的应聘欲望。当代社会，人们追求个人价值的体现，而通过工作带来的薪资、福利等企业待遇被认为是一种个人价值的实现。所以通过向人才展现企业的良好福利待遇可以更好地引起人才注意，会产生较好的企业招聘效果。在实际招聘中，公司也常常“打待遇牌”，用高薪吸引人才。

3）企业的招聘预算

企业的招聘预算影响人力资源招聘的效果。充足的预算可以给企业带来更大的选择空间，企业可以在招聘方式和范围上获得更大的自由度；而招聘资金不足就会导致企业招聘时的选择变少，一定程度上做出让步，这就会对招聘活动产生不利的影响。比如，企业招聘预算充足，就可以选择主流媒体发布广告等方式进行招聘宣传，强力有效地提升招聘效果。而资金不足就不可以用这种成本高的招聘方式，招聘效果在一定程度上就受到了限制。

4）职位的性质

职位根据性质可以分为适需性职位和储备性职位。对于不同职位的招聘，应采取不同的招聘方式。管理类职位的招聘工作必须综合多种招聘方法，保证吸纳到的人才具备相应的管理才能，不能做无用功；专业性、特殊性职位的招聘，可以通过猎头公司等专业招聘中介机构进行；基础岗位的招聘，应该尽量减少招聘成本，争取花最少的钱招最合适的人；储备性职位的招聘，则要有相对长期的考虑和安排，对储备型人才的考察要包括多个方面。

3. 个人因素

1）求职者的求职动机和强度

求职者的求职动机和强度影响招聘的结果。若求职者有充足的求职动机和强烈的求职愿望，就会导致求职者对工作的渴求度提高，这样在应聘时会更容易接受企业提出的条件，也就会使求职成功率大大提高。

2）招聘者的个人特质

企业负责招聘的工作人员也会对招聘造成影响，不同的个人特质会产生不同的影响。招聘人员的形象、谈吐、举止和态度都会在应聘者心中产生重要的影响，而这种影响会对求职者做出应聘决定产生作用。招聘者正面积极的个人特质会吸引应聘人员，使应聘者更容易接受企业提出的条件，从而提高招聘成功率。

（四）招聘的基本程序

为了顺利高效地进行招聘活动，企业在招聘时会按照一定基本程序进行，这种程序保证了招聘的有序性与高效性。一般情况下，企业招聘的基本程序可分为以下几个步骤：确定招聘需求、员工招募、员工甄选、员工录用和招聘评估。

1. 确定招聘需求

确定招聘需求是进行人力资源招聘的基础工作，要确定的内容包括数量和质量两个方面。确定招聘需求的过程就是明确企业需要招聘的职位类型和招聘人数，这是开展接下来的招聘工作的基础。这项工作需要相关人员进行人力资源规划和工作分析作为前提和基础，这样才能确定企业需要招聘的职位和人数，才能根据职位要求和特征开展招聘工作。

2. 员工招募

员工招募，是指企业通过各种方式方法吸引应聘者前来应聘，再从中选择符合企业基本要求的应聘者等待下一步审核。企业根据职位需求，采用科学适当的招聘方法，通过合适的招聘渠道，吸引应聘者前来应聘，以达到招募人才的目的，这个过程就是员工招募。员工招募可以理解为是企业通过各种方法吸引应聘者前来应聘。员工招募主要包括两个步骤，发布招聘信息和接待应聘者。通过发布信息招募应聘者，通过接待应聘者获取应聘者相关资料。

3. 员工甄选

员工招募的目的是吸引尽可能多的符合职位基本要求的人才前来应聘，但并不是所有应聘者都适合吸纳到公司进行工作，这时就要通过科学有效地甄选对前来应聘的人员进行测评，进行筛选，这个测评筛选的过程就是员工甄选。员工甄选可以系统、客观地对应聘者进行评价，测试应聘者是否具有符合企业要求的专业能力和个人素养，以便从中挑选出最适合企业的人才。

4. 员工录用

企业进行员工甄选后，就会进行员工录用工作。员工录用是做出录用决定并对录用人员进行安置的活动。主要包括录用决策、发放录用通知、办理入职手续，员工的初始安置、试用、正式录用等内容。在这个阶段，招聘者和求职者都要做出自己的决策，以便实现个人和工作的最终匹配。

5. 招聘评估

招聘评估是招聘活动的最后一项工作，企业通过招聘评估审视之前招聘活动出现的问题，对招聘活动的成效做出评价，这种评估有助于企业今后招聘活动的开展，有利于提高企业今后的招聘效率和效果。招聘评估主要包括两个方面：一是进行招聘结果评估，将招聘计划与实际招聘的结果进行比较做出分析评价；二是进行招聘效率评估，对此次招聘的工作效率做出分析评价，以便提高今后的招聘效率。招聘评估是一项重要的工作，它对刚刚完成的招聘工作进行分析评价，发现其中存在的问题，有利于企业对今后招聘工作进行改进，提高企业的招聘效率，达到更好的招聘效果。

（五）招聘计划的制订

企业决定了需要进行招聘后，人力资源部门就要开始制订具体的招聘计划，为之后的招聘工作提供指导和服务。人力资源部门在制订招聘计划的时候要参考、分析多方面的因素，包括企业内部以及企业外部的影响因素，因为任何一个因素都会对招聘工作产生影响，在制订计划时考虑得越详尽，在招聘工作执行过程中的风险越小，招聘效果越好。招聘计划一般包括以下内容：

1. 招聘人数

企业中各部门根据部门需求和职位空缺向人力资源部门提出招聘申请，根据公司的人力资源计划的安排和规定，提交上级领导进行招聘申请审批，之后人力资源部门再确定需要招聘的员工人数。在考虑录用人数时还要综合考虑员工录用后的发展，员工职位配置以及员工晋升问题都在考虑范围内。为了确保招聘到足够的员工，人力资源部门还要根据以往招聘经验，确定企业吸引招聘者的最小数量。

2. 招聘时间区间

因为企业招聘是在劳动力市场上进行的，劳动力市场处于不断变化的状态，所以招聘计划需要考虑到招聘时间区间的广度，这样才能保证招聘计划是有效的。这里的招聘时间区间，是指从劳动力应聘到最终员工录用之间的时间间隔。

3. 人员录用标准

人员录用标准可分为基本标准和关键标准两大类。基本标准是衡量应聘者是否具备符合职位要求的基本工作能力，是企业招聘员工时最基本的衡量标准；关键标准是衡量应聘者专业工作能力和职业素养的标准，是在基本标准层次之上的专业要求，专业能力决定了应聘者能否完全发挥岗位职能。基本标准和关键标准互为补充，层层递进。

4. 人员录用来源

企业招聘主要包括内部招聘和外部招聘两种。在招聘计划中确定招聘人员来源便可以将时间、精力和资金集中投放到一个劳动力市场上，这有利于企业节约招聘时间和成本。人力资源部门根据招聘的要求和特征进行分析，将信息来源进行分类，从而选择最适合、最快捷、最经济的人员渠道作为录用来源。

5. 招聘费用预算

每年的招聘费用预算是企业全年人力资源管理总预算的一部分。企业一般会根据自身招聘要求决定预算多少，招聘岗位、招聘方式、招聘人数等条件不同，招聘费用预算也不同。招聘费用包括人力费用和物力费用，招聘人员的工资、招聘所需的广告费、考核费、通信费、场地费，一切为招聘工作顺利进行服务所产生的费用都要被纳入预算。

6. 招聘策略

招聘策略是招聘计划的具体体现，是为实现招聘计划而采取的具体策略。针对不同的招聘目标，要采取不同的招聘策略，招聘策略要具有针对性，只有采取合适的招聘策略才能达到良好的招聘效果。招聘策略具体包括招聘人员策略、招聘地点策略、招聘时间策略等。

招聘人员对招聘活动的效果有很大影响。在进行招聘活动时，对招聘人员的挑选是重要的一环，招聘人员的形象、举止、素质、谈吐等会对应聘人员产生潜意识的导向作用，应聘者会偏向于到招聘人员有吸引力的企业进行应聘。所以，企业应该挑选个人形象好、具备出众的工作能力和人格魅力的员工担任招聘人员。此外，部门经理也应该参与到招聘工作中，因为部门经理具有完备的专业知识，有利于招聘工作的高效展开。

招聘地点决定了企业进行招聘的地域范围。招聘地域范围越广，招聘的效果越好，但是在考虑招聘地域范围的时候要考虑招聘预算，招聘范围扩大会导致招聘成本增加，企业应该适度确定招聘范围，不要把招聘预算的重点放在招聘地点上。

招聘是一个十分耗费时间的过程，从计划招聘到最终确定录用需要一个较长的时间区间，也就意味着企业招聘需要很高的时间成本。岗位出现空缺，要进行计划招聘，到人员甄选，再到录用以及新员工培训，这是一个相当漫长的过程。所以为了避免因为职位空缺而产生不良影响，企业应该科学合理地对招聘时间进行安排，以确保职位空缺可以以最快的速度填补。因为招聘过程中的很多不确定因素，企业要根据情况的变动随时对招聘时间进行调整。

（六）招聘的渠道与方法

招聘是指组织确定人力资源需求，吸引候选人来填补岗位空缺的活动。根据应聘者的来源，招聘渠道可被划分为内部招聘和外部招聘两类。内部招聘是指组织从内部选拔和录用所需人才的过程，外部招聘是指组织从外部招募和录用人才的过程。两者的比较见表2-6。招聘方法既有内部招聘、外部招聘的方法，还有网络招聘的方法。

表2-6 内部招聘和外部招聘的比较

招聘来源	优点	缺点
内部	·鼓舞晋升者的士气，激励员工提高工作业绩 ·了解全面，更好地评估应聘者的能力，选人准确性高 ·对某些职位而言，内部招聘的成本较低 ·使组织培训投资得到回报 ·使晋升工作具有连续性 ·只须对外招募初级职位 ·晋升者可更快适应工作	·近亲繁殖 ·可能会打击未获晋升者的士气 ·增加派系斗争 ·需要有人专门管理员工的发展计划 ·容易出现思维定式，缺乏创新性 ·来源局限，水平有限
外部	·“新鲜血液”带来新的观念、思想和方法 ·与企业自己培训专业人士相比，外部招聘成本更低、速度更快 ·不会在企业内引起派系斗争，可平息或缓和内部竞争者之间的矛盾，激励员工进取 ·可以以新的视角审视行业 ·来源广，选择余地大，有利于招聘到一流人才	·可能找不到与工作和企业相匹配的人选 ·可能会降低企业内部未获得晋升机会的员工的士气 ·新员工要花较长的时间来适应工作 ·对晋升者了解少 ·有不为工作群体接受的危险

1. 内部招聘

1）内部招聘的来源

·提升。

·工作轮换。

·工作调换。

·返聘或重新聘用。

2）内部招募的优点

（1）激励效果好

内部招募能够给员工提供晋升的机会。得到升迁的员工会认为自己的才能被企业承认，因此会进一步提高工作积极性和工作绩效。此外，内部晋升还会形成示范效应，容易鼓舞员工士气，在企业内部形成积极进取、追求成功的氛围。

（2）提高员工的忠诚度

获得聘用的内部员工，通常在企业中有了一定的工作经历，自身的业绩和品德得到主管和同事的认可。让这些员工与组织共同成长，有利于提高员工对企业的忠诚度，从而更好地为组织服务。

（3）低成本、高效率

内部招募可以节约高昂的人员招募费用，同时还可以省去一些不必要的培训，减少了成本投入，同时还降低了识人、用人和留人的风险。此外，内部招募的员工更容易接受领导和管理，易于沟通协调，因而可降低人际沟通的成本。

（4）适应能力强

与外部招募而来的员工相比，内部员工更了解和熟悉本组织的运作模式、业务流程和人际关系，他们的定位和调整过程更短，能更快地适应新的工作和创造效益。

3）内部招募的不足

（1）近亲繁殖

内部招募可能导致“近亲繁殖”“裙带”关系或帮派结构，进而形成一些利益小团体。这不仅会抑制创新，出现“照章办事”和维持现状的倾向，还会加大协调内部利益团体的管理成本，不利于组织的长期发展。

（2）引发内部矛盾

内部选拔会带来员工之间的相互竞争，那些没有得到提拔的员工可能会产生不满、心理失衡、心灰意冷的消极情绪。这不仅会给企业带来内部矛盾．还会增加管理者疏通、解释的工作量，对整个组织的氛围产生不良的影响。另外，内部招募有时还会引发各部门之间“挖人”现象的出现。

（3）不利于新主管建立声望

当新主管从同级员工中产生时，会受到“自己是大伙中的一员”的情感束缚，难以展开工作。同时，原来工作集体中的员工也有可能会产生抵触情绪，导致新主管难以建立起领导声望。

（4）可能会存在不公正的现象

内部招募有可能是论资历、人际关系或领导喜好，而非基于工作能力和业绩。这会在组织内部形成不正之风，导致优秀人才外流或被埋没，从长远看，这必将削弱组织的核心竞争力。

（5）失去选择外部优秀人才的机会

与组织相比，外部劳动力市场拥有更丰富的优秀人才，因此，过分倡导内部招募可能会减少外部“新鲜血液”进入组织的机会。有时，内部招募从表面上看节约了成本，实际上这种惯性会导致企业创新不足、人才储备不够，对企业长远的发展也是不利的。

4）内部招聘的方法

（1）企业数据库（人才储备法）

随着人力资源信息系统（HRIS）的日渐普及，现在人力资源部门的人员可通过 HRIS 记录和保存现有员工的背景资料、知识、技术能力信息。当出现职位空缺时，人力资源部门的专家将工作需求输入数据库，就可以获得一份符合要求的现有员工名册。许多员工管理软件可根据员工的职业领域、受教育程度、职业兴趣、工作经历及其他因素，对员工进行分类。

（2）工作岗位布告

企业可通过工作岗位布告系统向员工公布职位空缺的情况，以便员工申请特定的职位。企业可以通过多种途径向员工通报职位空缺，比如在公告牌上张贴布告、发放员工时事通讯、向经理和员工发电子邮件、通过企业 QQ 群和微信群发布招聘信息。现在，越来越多的企业会在内部网和互联网上公布人才需求信息。

（3）晋升和岗位轮换

只要情况许可，许多企业通过晋升和工作轮换来填补职位空缺。如果员工通过轮换或晋升到了其他岗位，就需要招聘新员工来接替他们原来的工作。企业应在老员工离开岗位之前而不是之后，做好填补这些职位空缺的计划工作。

（4）内部员工推荐

企业现有员工的熟人、朋友和家庭成员是应聘者的可靠来源。现有员工会告诉这些潜在申请人在企业工作的好处，提供介绍信，并鼓励他们到企业应聘。然而，如果企业内受保护人士的比例未达到政府的要求，企业单纯用口头宣传或现有员工提名的方法招聘员工，可能会违反平等就业规则。在这种情况下，企业要进行一些外部招聘以规避这方面的法律问题。

（5）重新招聘以前的员工和应聘者

新员工的另一个招聘来源是以前的员工和应聘者。由于以前的员工和应聘者已经与企业建立了联系，因此，企业可把他们视为内部招聘的来源。

2. 外部招聘

1）外部招聘的来源

·熟人介绍。

·主动上门的求职者。

·失业者（下岗者）。

·竞争者与其他公司。

·就业机构（职业介绍机构）。

·学校。

·人才市场。

2）外部招募的优点

外部招募是一种有效地与劳动力市场进行交流的方式，通过发布招募信息和广告吸引与选拔应聘者，企业会向社会宣传和展示自己的形象，运作规范的外部招募会起到宣传公关的作用；外部人才进入组织，会给组织输入“新鲜血液”，带来新的观点、思路和工作方式，为组织发展增添活力；从外部选拔优秀人才，会在无形中给组织内部原有员工传递压力，促使内部员工树立危机意识，激发工作的动机；另外，从外部选拔人才，会避免组织因过度使用现有人员而带来的揠苗助长的现象，使原有人员获得必要的培训和充足的成长时间。

3）外部招募的缺点

外部招募具有较高的决策难度和风险，一旦不胜任的人员进入组织，特定岗位的正常运作会受到影响，企业也会因此而遭受损失。外部招募人才所须支付的成本很高，这包括通过媒介或中介机构发布招募信息的费用、后续选拔测评的费用，校园招募还要支出场地费用和招募人员的差旅费等。如果通过猎头公司进行招募，其费用将更加昂贵，除去成本费用，招募人员还需要付出大量的时间和精力。除了风险高、成本大，外聘的新员工还存在进入角色慢的缺点，新员工需要花费较长的时间进行适应和定位，不仅是对工作岗位的适应，还需要融入新的组织文化。最后，对于关键职位的外部招募还可能会影响内部员工的积极性，挫伤内部员工的工作热情和期望。

4）外部招聘的主要方法

（1）员工举荐

员工举荐，又叫熟人介绍，是指很多组织在出现职位空缺或者需要招募新员工时，往往都会由内部的员工推荐自己认识或了解的外部候选人到组织来应聘。内部员工推荐的做法在很大程度上会为求职者和组织之间的相互搜寻过程提供重要帮助，是很多组织的一种非常重要的员工招募来源。这是因为，一方面，在现实中很多求职者在寻找工作时都会启动自己的社会关系网络，即求助于自己的亲戚、朋友、同学或其他熟人；另一方面，一个组织的招募需求往往会首先被组织内部员工了解，因此，他们就有机会将自己了解的外部合适人选推荐给组织。事实上，很多企业甚至制定了专门的奖励办法，鼓励员工向组织推荐合适的外部候选人。例如：在网络经济大发展，因而计算机人才短缺时期，一家美国公司曾经制订这样的奖励计划：如果公司现有的员工能够向公司推荐合格的软件工程师，并且这位软件工程师被公司最终录用后能够令人满意地为公司连续工作一年，则公司会向当初的推荐人提供数千美元的经济激励。

然而，出于历史的原因，我国的各类组织往往对通过内部员工推荐来招募新人的做法持一种怀疑或谨慎的态度，甚至是反对的观点。这是因为这种做法往往与导致组织效率低下以及组织文化较差的“裙带关系”联系在一起。在过去没有实行市场经济的时候，包括市场化程度仍然不太高的今天，一些所谓的“好单位”往往成为很多人想加入的组织，于是很多人通过各种关系进入这些组织，尽管他们可能并不符合组织的需要。然而，在市场发达经济国家的各类组织中盛行的内部员工推荐制度，却并不是只要有内部人或者组织内部有一定权威的人推荐，就一定能够得到录用。相反，即使是有内部人推荐，求职者一样要通过组织内部严格的甄选程序，只有那些比没有内部人推荐的求职者更为优秀或者至少同样优秀的被推荐者，才有机会被组织雇用。

在同样服从组织的严格人员甄选程序的情况下，内部员工推荐的做法对于组织来说至少具有以下几个方面的优点：第一，成本低。内部员工推荐的做法可以帮助组织节约招募成本。与发布招募广告、校园招募等其他招募渠道相比，内部员工推荐的成本优势无疑是非常明显的。第二，得到内部员工推荐者最终被录用并达到组织绩效要求的可能性较大，同时流动率也相对较低。这是因为这些外部的求职者实际上是在得到内部员工帮助的情况下完成了一次自我选择过程。一方面，组织中的现有员工显然对职位空缺的情况以及他们所推荐的人的情况都比较了解，因而会帮助组织事先做一些筛选工作，只有当他们认为自己所推荐的人和组织中的空缺职位确实匹配的时候，他们才会推荐此人。另一方面，这些得到内部人推荐的外部求职者往往在实际进入组织之前，就对组织进行了充分的了解。他们通过内部人这样一种非正式信息来源，能够获得通过正式招募来源无法获得的很多组织信息，从而对组织产生更为深入、现实的了解。研究表明，这些在被正式录用之前就通过多种渠道了解组织的人，不仅在被录用之前对职位的了解程度更高，而且在入职之后的流动率也更低。他们的流动率往往比那些仅仅通过大学校园面试或者招募广告来了解组织的人要低一半左右。第三，内部员工推荐的求职者进入组织之后的适应速度也较快，工作态度往往也较好。这一方面是因为内部员工在新员工入职之前就已经提供了很多关于组织的真实信息；另一方面是因为这些新员工入职之后可以通过与其推荐者之间的沟通和交流，更快地了解组织的各种规章制度以及文化和领导风格等。此外，由于不愿意让当初推荐自己进入组织的内部人因为自己的表现太差而失去组织的信任，得到内部人推荐而进入组织的新员工往往也会比较努力地工作，达到甚至超出组织的绩效要求。

正因为内部员工推荐的做法具有上述诸多优点，再加上我国劳动力市场的人才竞争越来越激烈，企业通过吸引优秀员工来创造高水平业绩的压力越来越大，我国很多企业也开始日益重视内部员工推荐这一重要的新员工招募来源。一些企业甚至开始制订鼓励内部员工推荐外部优秀人才加盟的奖励计划，一些企业则在需要招募人员时首先告知内部员工，请大家帮助推荐优秀人才。

（2）招聘广告

招聘广告是利用各种宣传媒介发布组织招募信息的一种方法，也是宣传企业形象的常用方法。

一般情况下，招聘广告应包括以下内容：组织的基本情况，政府与劳动部门的审批情况，招聘的职位、数量与基本条件，招聘的范围，薪资与待遇，报名的时间、地点、方式及所需的资料，其他有关注意事项。在发布招聘广告时不能有虚假宣传，招聘特殊对象时（如16周岁以下、退休老人返聘，以及外国、我国港澳台地区的人），应该注意规避法律风险。

常用于发布招募信息的广告媒介有报纸、杂志、广播电视、招聘现场的宣传资料、互联网等，它们各有其优缺点（表2-7）。一般来说，选择媒体的时候要考虑传播面、容易接受性、专业性、可靠性、时效性、成本等因素。

表2-7 广告媒介的优缺点比较

媒体类型	优点	缺点	何时使用合适
报 纸	·标题短小精练，传播周期短 ·广告大小可灵活选择 ·发行集中于某一特定的地域 ·各种栏目分类编排，便于积极的求职者查找 ·有专门的人才市场报，招聘信息可传达到特定的职业群体手中	·具有时限性 ·集中的招募广告容易导致竞争者出现 ·发行对象无特定性，企业不得不为无用的传播付费 ·容易被人忽略 ·印刷质量不理想	·招募限定于某一地区时 ·当可能的求职者大量集中于某一地区时 ·当有大量的求职者在看报纸，并希望被雇用时
杂 志	·专业杂志可传达到特定的职业群体手中 ·广告大小极富灵活性 ·广告的印刷质量较高	·保存期长，求职者可能会再次翻看	·发行的地域太广，故在希望将招募者限定在某一特定区域时不宜使用 ·广告的预约期较长 ·所招募的工作承担者较为专业时 ·当时间和地区限制不是最重要的时候 ·当与正在进行的其他招募计划有关联时
广播电视	·不易被观众忽略 ·不是很积极的求职者也很容易了解到招募信息 ·可以将求职者来源限定于某一特定区域 ·极具灵活性 ·比印刷广告能更有效地渲染招聘气氛 ·较少因广告集中而引起招募竞争	·只能传递简短的、不是很复杂的信息 ·缺乏持续性，求职者不能回头再了解（需要不断地重复播出才能给人留下印象） ·商业设计和制作（尤其是电视）不仅耗时，而且成本很高 ·为无关的广告接收者付费	·当处于竞争的情况下，没有足够的求职者看你的印刷广告时 ·当职位空缺有许多种，而在某一特定地区内又有足够的求职者时 ·当需要迅速扩大影响时 ·在较短的时间内足以对某一地区展开“闪电式轰炸”时 ·用于引起求职者对印刷广告的注意时
招聘现场的宣传资料	·在求职者可能立即采取某种行动的时候，引起他们对企业雇用的兴趣 ·极具灵活性	·作用有限 ·要使此种措施见效，首先必须保证求职者能到招募现场来	·在一些特殊场合，比如为劳动者提供就业服务的就业交流会，公开招募会上布置的海报、标语、旗帜、视听设备等 ·求职者访问企业的某一工作地时

资料来源：加里·德斯勒：《人力资源管理》，刘昕等译. 中国人民大学出版社 1999 年版。

（3）校园招聘

校园招聘主要是指企业直接到高校、中等职业学校的校园里招聘员工的活动形式。校园招聘方式有招聘张贴、开招聘会、毕业实习、学校就业办公室推荐等。校园招聘一定要准备充分、尊重学生，不论是否录用都应该有反馈等。

校园招聘的步骤：

第一步，调查分析，确定目标学校。调查的内容包括各校专业设置、学生特点等。

第二步，前期宣传（根据实际选择）。例如：参与、赞助学校活动等。

第三步，临近招聘的准备。

①确定具体学校。

②准备宣传材料（宣传海报、音像材料、宣传设备等）。

③确定具体招聘载体。

④成立招聘小组并明确分工。

第四步，进入学校或其他招聘地点。

第五步，接受报名和简历。

第六步，组织实施招聘考试（如果多个院校统一招聘考试，最好请专业考试服务机构实施）。

第七步，根据考试成绩进行筛选，实施面试。

第八步，根据面试结果进行录用，签协议。

（4）公共和私营就业服务机构

在市场经济条件下，各种类型的就业服务机构也是一个非常重要的新员工招募来源。主要的就业服务机构有两种：一种是由政府举办的各级公共就业服务机构以及由各种非营利机构举办的就业服务机构；另一种是由私营部门举办的各种职业介绍服务机构。一般情况下，市场经济国家都会在各个城市设立就业服务办公室，形成全国统一的公共就业服务介绍机构。这些机构的主要作用在于帮助失业者重新就业，因而可以为需要招募相关人员的各类组织推荐一些潜在的候选人。

利用公共就业服务机构作为招募来源主要有两个方面的好处：一是由于这种公共就业服务机构主要服务于帮助失业者实现再就业的目的，因此它们一般都是实行免费服务的，因此，这种招募渠道的招募成本非常低。二是通过这种招募渠道推荐来的求职者往往都处于失业状态，一旦这些人被录用，可以很快办理入职手续，尽快承担组织安排的相关工作。但是，这种招募渠道也存在一些比较明显的问题。其中最主要的问题就是大多数公共就业服务机构推荐来的人可能都是缺乏工作经验或者专业化程度比较低的人，其中有些人可能还存在这样或那样的不良特征。因此，要想从这些人中挑选到专业素质比较高的潜在求职者，难度往往比较大。

除了政府机构，各种非营利机构也会提供一些就业服务，比如，大多数专业性的学会组织或者技术协会都承担一部分帮助会员寻找工作或换工作的职责。此外，一些社会福利机构也会努力帮助特殊群体，比如残疾人或者退伍军人等实现就业。这些非营利机构所提供的就业服务往往也是免费的。

除了公共部门提供的就业服务，私营部门中也有一些就业服务机构。不过，与公共就业服务机构不同，私营就业服务机构对于希望得到它们的服务的求职者以及希望从它们那里获得求职者的企业是要收费的。由于通过私营就业服务机构来寻找工作的很多人实际上都并非失业者，往往是已经实现就业的人，只不过希望通过私营就业服务机构寻找更理想的雇主而已，因此对于很多雇主来说，这一招募来源是一种非常好的吸引合格求职者的渠道。此外，近年来，随着很多市场经济国家正在逐渐将一些具体的公共就业服务外包给私营就业服务机构，私营就业服务机构所提供的职业介绍服务在市场上显得越来越重要了。

在私营就业服务机构中有一种非常特殊的高端就业服务机构，这就是所谓的猎头公司。猎头公司的正式名称是高级人才代理招募机构，这种特殊的就业服务机构通常受雇于客户企业，专门帮助这些客户企业寻找组织所需要的高层次管理人才和高级专业技术人才。通常情况下，能够成为猎头公司猎取对象的至少是部门经理及其以上层级的中高层管理人员以及高级专业技术人才。尽管在大多数企业中需要通过这种高级人才代理机构来招募员工的职位可能并不太多，但是这种职位对于一个组织的影响往往却很大。有时，为了寻找填补组织高级管理职位的候选人，猎头公司可能是唯一恰当的候选人来源渠道。

猎头公司往往在某些行业或专业领域建立了很多联系，特别擅长与那些目前正受雇于其他组织，看起来甚至根本不想变换工作的合格候选人取得联系。在进行猎头业务的过程中，它们还会刻意对客户企业的名称实行保密，一直到人才寻访过程的最后阶段才告知候选人。这是因为与高级经理人打交道的过程很敏感，这些高级管理者通常不愿意将自己准备离开当前组织的想法弄得沸沸扬扬，引起当前的组织做出某些反应。猎头公司在这个过程中往往充当了这些高级管理人才在当前所在的组织与准备招募他们的新组织之间的一个秘密缓冲地带。猎头公司还可以节省拟招募高级管理人才的组织的高管人员的时间，因为它们不仅承担了为这些空缺职位获取合格候选人的工作，而且从一开始可能就对数百人的求职者进行了一次又一次的筛选。尽管利用这类招募机构的服务是需要支付一定费用的，但与企业自行招募高级管理人才所需要付出的时间和成本相比，这种费用实际上是微不足道的。

（5）临时性就业服务机构或劳务派遣机构

在现代市场经济中，一方面，由于短期或季节性生产经营方面的需要，或者是出于减少招募甄选和培训方面的成本的考虑，企业经常需要雇用一些临时性或非常规性的工作人员作为固定员工队伍的一种补充；另一方面，对于某些人尤其是年轻人而言，长期固定在一个组织中工作会使他们感到枯燥乏味，因此，这些人愿意从事各种短期性或临时性的工作，这样一来可以获得维持生活所需要的劳动收入，二来又有机会到不同的组织中工作。所以，临时性或短期性工作越来越普遍。企业所需要的这些短期工作人员在一开始的时候主要是生产类和行政事务类的员工，现在，一些工程技术人员也在从事临时性或短期性的工作，有些企业甚至需要雇用一位能够在短期中为自己工作的首席财务官甚至 CEO。

然而，单个劳动者以临时性员工的身份到企业中工作存在很多风险，其中一个最大的问题在于，当一项短期任务结束之后，往往很难马上找到另外一项短期任务，加上很多企业所需要的临时性员工数量很大，因此，专门从事临时性就业服务的机构就诞生了。由它们出面招募和雇用愿意从事临时性工作的员工，然后派到需要用人的企业或其他组织中工作，一旦工作结束，这些人重新回到临时就业服务机构中，等待被派往下一个客户企业工作。有时，使用这些临时性员工的组织也可能希望把其中一些适合本组织需要的临时性员工变成自己的正式员工，临时就业服务机构、使用临时性员工的组织以及劳动者三方可以在经过协商之后，变更劳动关系。

这种国外称为临时就业服务机构的组织在我国通常被称为劳务派遣机构。劳务派遣机构所从事的实际上是劳动力租赁业务。在这种情况下，劳动者与劳务派遣机构之间签订劳动合同，形成雇佣关系，他们与目前实际为之工作的组织之间并不存在劳动合同关系。使用劳务派遣人员的组织除了要根据约定向劳务派遣机构支付所使用的这些员工的薪酬福利，还需要额外向劳务派遣机构支付一笔管理费。

我国的劳务派遣是20世纪90年代以来，随着市场经济的日益成熟以及用工制度改革的深度推进，劳动力市场主体的自主地位逐步确立之后，逐渐发展起来的。首先，长期以来，我国体制内积存了大量的低效率和无效率劳动力。随着企业用工制度朝着市场化方向改革，企业开始控制人员数量增长，并精简人员，劳务派遣成为企业避免直接冲击社会、进行正常裁员和非正常裁员的重要渠道。其次，一部分下岗、失业人员和农村转移劳动力由于自身就业能力比较弱，难以自谋职业、自主就业，于是，有关部门将他们组织起来，通过劳务派遣的形式实现就业。另外，也有一些就业能力比较强的劳动者不满足于固定在一个正式单位中，采取了劳务派遣就业形式，以丰富自己的阅历，增加自己的收入。最后，随着大中专学生的就业越来越困难，很多毕业生也通过劳务派遣来积累工作经验，为将来就业打好基础。总之，作为市场经济产物的劳务派遣，不但满足了我国在市场经济条件下劳动力需求主体的需要，也为我国的经济体制改革提供了很大的灵活性，既体现出中国特色，同时也与国际劳动力市场的特点相接轨。

不过，需要指出的是，从2008年正式开始实施的《中华人民共和国劳动合同法》(简称《劳动合同法》)对于劳务派遣员工提出了明确的要求，其中既有对劳务派遣公司的要求，也有对使用劳务派遣员工的组织提出的要求，企业在使用劳务派遣员工时必须注意遵守相关法律规定。比如，劳务派遣单位应与被派遣劳动者订立两年以上固定期限劳动合同，按月支付报酬；在被派遣劳动者无工作期间，派遣单位应按照当地最低工资标准按月支付报酬；用工单位不得将连续用工期限分割订立数个短期劳务派遣协议；用工单位应支付加班费、绩效奖金，提供与工作岗位相关的福利待遇；连续用工时则实行正常的工资调整机制；被派遣劳动者享有与用工单位的劳动者同工同酬的权利；劳务派遣一般在临时性、辅助性或者替代性的工作岗位上实施等。2013年开始实施的新修订的《劳动合同法》对劳务派遣用工的岗位范围做了更严格的限制。尤其是明确界定了临时性工作岗位是指存续时间不超过六个月的岗位；辅助性工作岗位是指为主营业务岗位提供服务的非主营业务岗位；替代性工作岗位是指用工单位的劳动者因脱产学习、休假等原因无法工作的一定期间内，可以其他劳动者替代工作的岗位。

（6）人才招聘会

国家相关部门、公共就业服务组织甚至私营就业服务组织举办的各类人才招聘会，往往在体育馆或展览馆之类的大型场地举办，用人单位设立招募摊位，提出招募职位的需求。求职者根据自己的求职意愿和条件，与企业派出的招募人员进行初步的沟通和交流，然后投递简历，为下一步的甄选工作奠定基础。这种招聘会实际上是在一个固定的时间和地点为需要招募人员的组织和求职者提供了一个接触和沟通的机会。这类招聘会通常会分门别类地加以组织，比如大学毕业生的招聘会、复员退伍军人的专场招聘会、残疾人的招聘会、下岗失业人员的招聘会等。此外，随着人口老龄化，一些企业还愿意招募已经退休的劳动者来从事一些力所能及或者有优势的工作。因此，一些地方也会专门举办退休人员的招聘会。尽管在市场经济发达国家很少举办类似的大规模人才招聘会，但是在我国现阶段，人才招聘会仍然是一种比较常见而且有效的招募渠道。

3. 网络招聘

网络招聘有几种不同的形式，最常用的有用人单位网站、求职网站和专业网站。

1）用人单位网站

企业利用自己的网站，在网站中设立专门的招聘网页或专区，发布招聘信息。为了吸引人才，招聘网页本身应该制作精美，吸引眼球，并且内容专业翔实，还可以将公司的网站链接在一些知名的招聘站点或者行业专业人士经常浏览的网站上。

用人单位应把网站中的招聘和雇用信息视为营销工作的一个组成部分。因此，用人单位网站中的招聘信息栏必须能够有效地“推销”企业的职位和职业，还应概括地介绍企业的情况、企业的产品和服务、企业和行业的增长潜力以及企业的运营理念。例如：中海地产通过本企业的网站以“海之子”人力资源品牌为载体，努力挖掘雇主品牌建设的内涵，适时地宣传企业战略和斐然业绩，稳定地塑造和维护其长远影响力。2013 年，中海地产通过本企业的网站计划吸纳毕业生百余人，而投递的简历数量与实际录取人数已达到数百比一，网站日均浏览量近万人次，吸纳来的毕业生大都在特定领域拥有卓越表现。

要善于利用公司自己的网站做好招聘工作。许多用人单位并没有很好地把职业和雇用信息编辑到网站中去。例如：一项对《财富》500 强企业的研究结果发现，有 21% 的企业网站很难找到关于招聘的内容，另外 40% 的网站中，图标和链接不一致。

2）求职网站和专业网站

企业利用第三方专业招聘网站，使用简历数据库或搜索引擎等工具来完成招聘。近年来，我国出现了诸如智联招聘网（www. zhaopin. com）、前程无忧（www.51job. com）、中华英才网（www. chinahr. com）、卓博人才网（www. jobcn. com）等知名综合招聘网站。另外还有专门针对某类人群而设立的网站，例如：按地域划分的北京人才热线（www. beijingrc. com）、广东人才网（www.gdrc. com）等，按职位性质划分的阿里 IT 人才招聘网（www.alijob. com）等，以及专门针对大学生人群的应届生求职网（www. yingjiesheng. com）等。招聘者可以在这些专业网站上发布招聘信息，利用网上数据库系统自动管理简历，也可以不发布招聘广告而直接搜索网上的简历库，寻找合适的人才。

网络招聘为企业和求职者均提供了非常便利的条件，使招聘不受地点和时间的限制，对双方来说都可以节省时间和成本，并且拥有更广泛的选择范围。优点是：广告制作效果好；信息容量大，传递速度快；可统计浏览人数；可单独发布招募信息，也可以集中发布。缺点是：地域传播广；信息过多容易被忽略；有一些人不具备上网条件或没有计算机使用能力。

（七）招聘质量的评价

招聘质量的评价是指采用科学的方法，对招聘目标的完成情况以及招聘成本、招聘方法、招聘渠道等进行评价，确定招聘效果好坏。招聘效果评估可以为以后的招聘工作提供经验或教训，是改进招聘工作、提高招聘工作效果的重要手段，也是组织人力资源管理部门及主管部门工作绩效评估的重要依据。招聘效果评估主要包括以下内容：

1. 招聘成本效益评估

招聘成本效益评估包括实际招聘成本与成本预算的比值、录用员工创造的效益与实际招聘成本的比值。招聘成本是平均招聘到一名员工所需要的费用。如果招聘成本低，招聘人员质量高或者招聘人数多，就意味着效率高，反之则效率低。录用员工创造的效益与实际招聘成本的比值大，意味着效率高，反之则效率低。

2. 招聘人员质量评估

招聘人员质量评估是指将录用人员的各项素质与职位说明书中的要求进行对比，评定其优劣。质量评估通常采用定性评估的方式。对招聘人员的数量可以用如下几个比值来表示：

聘用比 = 聘用人数 / 应聘人数 ×100%

招聘完成比 = 聘用人数 / 计划招聘人数 ×100%

应聘比 = 应聘人数 / 计划招聘人数 ×100%

3. 招聘方法效果评估

招聘方法效果评估是指对招聘方法的信度与效度的评估，它是改进人员招聘方法的重要依据。招聘方法的信度和效度高，用人单位招聘工作的效果就好。

二、企业人员录用管理

人力资源录用是依据员工甄选的结果做出录用决策并进行安置的活动。录用决策是人力资源录用中重要的一环，在实施录用决策时，招聘人员要根据人员录用原则，综合考虑甄选阶段的多项考核结果，排除主观因素，科学且理性地挑选适合职位的最佳人选。人力资源录用一般包括以下几个步骤：

（一）录用决策

在做出录用决策前，要系统化地对候选人的能力进行综合评估和比较。系统化的评估方法可以避免招聘人员对应聘者做出以偏概全的评价，如果不系统地进行考量，招聘人员可能只关注到应聘者的突出特质，从而忽视应聘者其他方面的能力特质。同时，在招聘目标设定时注意合理性，不要把录用目标定得太高，一再地等待“最好的”“最优秀的”应聘者出现，可能会错失目前可以录用的人才。

企业招聘的目的应该是吸纳最适合本职位和本企业的人才，而不是最出众、最全面的人才。企业根据不同的职位应该对应聘者有不同的要求，应该有侧重地开展招聘工作。还要注意，最终候选人数应该多于实际录用人数，以防因为一些变化因素导致最终录用人数不足的情况发生。因为完成录用决策后，还要进行背景调查、健康检查、人员试用，在这个过程中不排除一些候选人不能满足企业要求而不能被最终录用的情况，也可能会出现候选人因自身原因退出招聘的情况。

在确定最终录用名单后，要及时通知被录用人员。同时，也要对未被录用者进行反馈。很多企业只会通知录用者录用信息，却忽略未被录用者。这种做法不利于良好企业形象的树立，往往只需要很简单、很快速地回复一下未被录用者，就可以让公司的形象得以提升。在通知未被录用者时，应该注意措辞，首先要对应聘者表示感谢，其次告诉应聘者未被录用是因为公司目前没有合适的职位可以提供。

（二）背景调查

背景调查的主要目的是了解并核实应聘者的背景信息，以便招聘人员对应聘者有更完整全面的了解，同时还可以对应聘者提供的信息的真实性进行检测。背景调查的方法包括上门拜访、电话访谈、要求应聘者提供推荐信等。

背景调查的主要内容包括以下几个方面：

第一，学历学位。很多应聘者为了达到企业的应聘要求在学历上作假，招聘人员要通过背景调查对应聘者的学历学位进行真假辨别。企业可以要求应聘者提供学历证书和学位证书，同时可以在相关网站上进行学历信息查询来分辨真伪。

第二，工作经验。以往的工作经验在一定程度上影响招聘人员对应聘者的评价，尤其是一些需要相关工作经验的岗位。招聘人员应该对应聘者的受聘时间、职位和职责、离职原因、薪酬等问题进行调查了解。招聘人员可以通过应聘者原企业的领导和同事了解相关情况。

第三，过去的不良记录。主要调查应聘者过去是否有违法犯罪或者违纪等不良行为。

进行背景调查时，应该把调查重点放在工作相关的方面；要通过多个渠道进行了解，以确保信息的正确和真实；还要注意不要侵犯应聘者的个人隐私。

（三）身体检查

身体检查可能是企业安排，也可能是应聘者自行去正规医院检查向企业提供体检结果，两种方式根据不同的企业有所不同。身体检查的目的是确定应聘者的身体状况是否良好、能否胜任此项工作、是否患有传染性疾病等。

（四）签订劳动合同

被录用者通过以上各种测评后到企业人力资源部门注册报到，开始进入试用期的工作。试用合格后，被录用者与企业正式签订劳动合同。劳动合同是企业与员工建立劳动关系的保障。企业在签订劳动合同时，不仅要考虑企业及相关职位的具体情况，还要符合《中华人民共和国劳动法》《中华人民共和国劳动合同法》等法律法规。企业和应聘者双方签字后，合同方生效。在履行合同的过程中，只要一方出现违背合同的行为，另一方就可以通过法律保障其利益。

第三节　企业人力资源员工培训与职业规划管理

一、企业人力资源员工培训

（一）员工培训基本分析

1. 培训的概念及其分类

1）培训的概念

培训是指组织为开展业务及培育人才，达到使员工不断更新知识，开拓技能，改进员工的动机、态度和行为，更好地胜任现在的工作或担任更高级别的职务，从而提高组织效率和实现组织目标的目的而采用各种方式对员工进行有目的、有计划的培养和训练的管理活动。

从以上定义中我们已经了解员工培训的基本概念，接下来我们可以从以下几个方面进一步理解企业对员工进行培训管理的内涵。

➢ 培训是以企业为主要发起人的一种人力资源投资活动，其目的是改进或增强员工在当前工作岗位或适应未来组织发展战略所需的知识、技能以及态度、动机等。

➢ 培训的主要内容与被培训者的岗位及其未来的配置紧密相关。

➢ 有效的培训需要进行合理的规划。

2）培训的分类

（1）按培训形式进行划分

按培训形式的不同，培训基本可以划分为在职在岗培训和在职脱产培训两种。

第一种，在职在岗培训。这种培训也叫“干中学”，这是一种历史悠久、应用最普遍的方式，也是较为经济的方式。这种培训方式的模式就是让有经验的资深员工、管理人员或专职教师指导员工工作。这种培训方式其实有很多优势，例如：它不仅能使员工获得完成工作所需的技能，而且有利于员工掌握如何在实际工作中解决所遇到的问题、有效沟通与协调、学习处理人际关系等。

第二种，在职脱产培训。这种培训是让员工在培训期间内离开工作岗位，进行专门的业务学习与提高。培训方式包括很多种，例如：举办技术训练班、开办企业大学、选送员工到正规院校或国外进修等。这种培训方式相对于在职在岗培训，有一个特点，就是培训的费用较高。但随着组织对人力资本投资的重视，越来越多的组织定期选派一些员工进行脱产培训。

（2）按培训对象进行划分

按培训对象的不同，培训一般可以分为三类，分别是新员工入职培训、在职员工的能力提升培训和管理者的领导力培训。

新员工入职培训：这种培训指的是组织为促进新员工熟悉组织、适应环境，尽快融入工作，对他们进行的辅导。

在职员工的能力提升培训：随着社会的进步和公司业务的拓展，在职员工的能力也需要不断更新和提升。因此，这种培训通常发生在人力资源测评或绩效考核之后，是为了提升员工现有工作能力或弥补知识的不足而进行的。

管理者的领导力培训：这种培训通常是为了内部晋升或领导人才的储备而开展的。

通过对上述三种类型的培训进行分析，我们可以看出，针对不同对象的培训，由于培训目的不同，在培训内容上也存在较大区别。

（3）按培训方法进行划分

按照培训方法划分，我们可以从两个角度来进行探讨，分别是传统培训方法和新型培训方法。这种区分方式是为了凸显传统培训方法和新型培训方法之间的差异，从而帮助企业选择更适合自己的方法。

传统培训方法：传统的培训方法以直接传授型方法为主，如讲授法、专题讲座法、研讨法等。这种培训方法的显著特点就是在培训的过程中，培训者和培训对象之间处于一种单向的信息交流模式，造成培训对象的被动性。因此，这种类型的培训方法适用于知识类的培训。

新型培训方法：随着时代的进步，人们越来越重视实践的作用。因此，在当前，实践性的培训方法更容易被企业接受。所谓实践性的培训方法，就是通过让学员在实际工作岗位上或真实的工作环境中亲身操作、体验，来掌握工作所需的知识或技能。这种培训方法包括工作指导法、工作轮换法、师父带徒弟法等多种类型。这种培训方法的优点是实用、有效，由于培训内容与受训者的工作仿真度较高，能迅速将所学知识应用到实际工作中去。

除了上述两种具有代表性的培训方法，近几年来还有一种比较流行的方法，叫作参与式培训法。这种方法可以有效调动受训者的学习积极性，让其与培训者最大限度地进行互动，这种培训方法主要有案例分析法、头脑风暴法、模拟训练法、管理者训练法等。这种方法的主要特征是：每位培训者都能积极参与培训活动，从亲身参与中获得知识、技能和正确的行为方式，开拓思维，转变观念。

（4）按培训途径进行划分

按培训途径的不同，培训可以划分为两种形式，即企业内训和公开课。

企业内训：顾名思义，企业内训就是在企业内部进行培训，企业会邀请相关讲师到企业进行调研，有针对性地对企业员工进行培训，这种培训一般不对外公开。

公开课：与内训不同，公开课是让员工到企业外面参与一些相关的讲师开办的公开培训课程。

2. 员工培训对组织的作用

1）培训可以有效吸引、留住和激励员工

在市场竞争日益激烈的今天，各个组织对人才的争夺战也日趋激烈，每一个组织都在想尽一切办法吸引和留住优秀人才，培训机会已经成为组织所提供的全面报酬体系中的一个重要组成部分。而且很多员工在就业的时候，也认识到培训对于自身的发展和未来在劳动市场上的竞争力是至关重要的，员工会根据组织是否为自己提供学习和进步的机会来选择到哪个组织工作，那些不提供培训机会的组织将无法吸引到高素质的员工。因此，这也对很多组织提出了要求：传统的吸引、保留和激励员工的手段已经远远不够，员工的进步与企业的发展是紧密相连的，只有为员工提供更多的培训机会，才能为企业吸引更多的人才。充分的员工培训除了有利于吸引优秀人才加盟，还有助于提高员工的职业安全感以及工作满意度，使他们感受到组织对自己的重视和关心，从而增强他们对企业的认同感和归属感，提高他们的组织承诺度或忠诚感，降低优秀员工的离职率，并且促使他们更为投入地完成工作，达到更高的生产率，创造更高的绩效。

正是由于培训工作的重要价值和意义，中国企业对培训工作的重视程度越来越高，资金和人力投入也逐年增加，培训管理工作的专业化水平日益提高，很多企业甚至建立了自己的企业大学。

2）培训能够帮助组织塑造良好的企业文化

良好的组织文化对于组织的发展来说是至关重要的，它能够对员工产生强大的凝聚、规范、引导和激励作用。建设组织文化需要从多个角度进行考虑。首先，组织的正式制度，尤其是组织的人力资源管理体系要明确；其次，组织需要借助培训活动向员工不断传递和强化其价值观和文化理念。因此，组织可以通过培训来宣传其伦理道德标准和对待利益相关者的基本准则，使员工更全面深刻地理解组织的使命和愿景，进而认同组织的文化和价值观，不断更新观念，自觉与组织的要求保持一致。

培训对于组织文化建设的作用我们可以从以下几个方面进行分析：

第一，对于新员工来说，初进入一个新组织，难免有困惑、迷茫之感。这时，培训的作用就凸显出来了，它能够帮助新员工尽快了解、认识并积极融入组织文化。另外，在新员工进入组织初期的社会化过程中就让他们全面接触和深入了解组织文化，对于他们在未来工作中的态度和行为以及绩效都有着至关重要的影响。

第二，培训可以确保员工掌握运用新技术完成工作所必需的基本技能，同时增强组织以及员工个人适应新市场、新技术、新工作的能力，形成良好的应变能力。这样就有助于员工具备为组织做出贡献的多种能力，防止能力老化或退化，确保员工在职位、个人兴趣发生变化或某些技能过时的情况下，仍然具备为组织做贡献的灵活性，从而为他们提供充分的就业保障，同时显然有助于维持组织和员工之间所形成的相互忠诚的心理契约。

第三，培训能够让员工正确认识何谓有效工作，减少他们做无用功的时间。这样的话，就可以从每个人着手，提高自身的工作效率，进而为员工接受他人，进而与他人进行更为有效的合作做好准备。这样不仅可以确保员工能够为产品和服务质量的改善做出更大的贡献，而且有助于在组织中培养一种能够帮助组织形成竞争优势的团队文化。

第四，组织对培训高度重视这一做法本身就可以向员工传递这样一种信息，即在组织中存在一种重视创新、创造和学习的文化，这种文化是形成学习型组织的重要条件。

3）培训有助于提高员工工作效率，帮助组织赢得竞争优势

在知识经济迅猛发展的今天，全球竞争愈演愈烈，这给企业发展也带来了很多挑战。在这种趋势下，企业所面临的经营环境日益复杂，各种新知识、新技术、新观点层出不穷，与客户、产品以及技术有关的信息量也越来越大。这是整个市场的现状，我们无法改变。一个组织要想赢得稳步发展，自身也必须不断变化，而且是往好的方向变。这就要求该组织必须比竞争对手学习得更快，这也是任何一个组织在未来得以维持竞争优势的一个重要条件。因为只有这样，才能快速掌握新的知识和技术，并将这些技术运用到客户服务过程之中，从而不断提高整个组织的劳动生产率，确保持续为客户提供质量优良的产品和服务。在这种情况下，对于与生产率、客户服务、创新等有关的组织目标实现来说，培训就具有战略意义。

那么进行有效的培训到底能对企业的发展起到什么作用呢？我们从以下几点展开阐述：

第一，有效的培训能够帮助员工迅速学习工作所需要的各种新技术和新方法，对员工自身和企业发展都是十分有帮助的。

第二，有效的培训有助于加深员工对组织战略、经营目标以及工作标准的理解，因而有利于帮助员工更新现有的知识、技能、观念和工作态度，提升员工个人的工作绩效，从而进一步改善组织绩效。

第三，在开展全球化经营的企业中，培训还有助于增强员工对于外国竞争对手及其文化的了解，从而为组织在国外市场上取得成功起到重要作用。

3. 培训管理

从狭义上理解，培训管理可能会被认为是在一个组织实施培训的过程中完成的各项管理活动，其目的是确保培训工作按计划有序进行。然而，在人力资源管理中，培训管理却是一个更为广义的概念，它不仅涉及培训活动实施过程中的各项管理活动，而且涉及培训需求分析、培训计划制订、培训成果转化、培训的短期和长期效果评估等与培训有关的前期、中期和后期的各项工作。

因此，培训管理通常被定义为组织对于自己的各种培训活动所开展的一种有目的、有计划的管理活动，它的主要目的是强化组织培训工作的战略一致性和成本有效性。培训管理主要包括三个方面，分别是培训开始前、培训过程中、培训结束后这三个步骤中的各项管理活动。培训管理一般要确保以下几个方面的工作：

第一，最根本也是最基础的，培训管理要根据企业的战略主题以及组织文化的要求来制订计划。

第二，着眼于整个组织的绩效，培训内容要能够成功地转化为员工个人及其群体的工作实践。

第三，对员工来说，要能够满足他们对知识技能不断更新以及提高自身劳动力市场价值的要求。

第四，组织的培训支出要能够控制在预算范围内，同时，在实现预期训效果的情况下，尽可能为组织节约成本。

（二）培训管理的流程

1. 分析培训需求

1）组织需求分析

当选择将培训作为应对各种压力的对策时，组织的领导者和管理者需要考虑三个方面的因素，即组织的战略、可用的培训资源以及受训者的上级和同事对于他们参与培训活动的支持程度。下面我们就从这三个角度来分别对其进行分析。

第一，明确组织的战略及其在长期和中短期所要达到的目标。通过确认组织战略，确保在培训活动上分配足够的预算，才能够保证员工在相关内容和主题上得到足够的培训，从而为组织战略的实现打下良好的基础。因此，培训计划的设计必须将组织战略作为重要基础。战略决定了一个组织会将资源优先用于解决哪一个或哪几个培训压力点。但很明确的一点是，一个组织的战略与其所需要的培训类型以及培训的数量存在一定的关系。比如，当一家公司当前所采取的主要是收缩战略时，公司就需要为员工提供重新谋职方面的培训。并且对留下的员工进行跨职能工作以及其他新工作技能方面的培训，这是因为人员短缺造成他们不得不额外承担一部分原来由其他人承担的职责。

第二，组织需要明确自己是否有充足的预算、时间和专业人士进行培训。对于员工的培训，可以分为内部培训和外部培训公司培训两种。资源充足的组织可以利用内部的培训管理者和专职或兼职的培训师来进行培训，那些缺乏必要的培训设计和管理能力以及相关师资资源的组织，可以选择从组织外部的各种培训公司或咨询公司购买培训服务。但是，由于培训所需要的人力资源比较多，所以即使组织自己有能力完成培训工作，也会造成人力的大量缺失，成本较高。而相比较来说，外购培训服务就会节省很多人工成本，带来更高的效率。因此，很多组织都会选择外购培训服务。但是，即使是外购培训服务时，组织也必须有能力鉴别、挑选外部承包商，并对它们的服务水平进行评估。目前，有些专业培训公司不仅提供一般性的培训课程，同时还能够根据组织的实际情况，通过实地调研的方式来订制对企业更有针对性的培训服务。

第三，组织内部是否存在一种对受训者的支持环境，其中最主要的是受训者的上级及其同事的支持力度。之所以这样说，是因为受训者参加培训后，他们能学到更多的专业知识，并且通过实践得到应用。在培训这段时间内，同事们的工作量就有可能加大；在培训后，受训者可能会有更多的晋升空间或加薪机会。如果上级或同事对这样的结果不能理解或支持的话，受训员工即使获得了培训，可能也无法将培训内容有效地应用到工作中，培训的意义就降低了很多。

2）员工需求分析

组织产生对员工进行培训的需求时，一个主要的压力点就是员工的绩效不佳或未能达到绩效标准的要求。然而，需要注意的是，引起绩效不佳的原因有很多方面，当一位员工的业绩不佳时，企业不能想当然地认为就是因为员工的工作能力不够，或在工作知识方面存在缺陷，从而不假思索地将让员工参加培训作为解决问题的对策。他们没有考虑到其他的可能性，例如：该员工可能只是因为与领导不和或得不到其他员工或部门的充分配合和支持，才导致绩效不佳。更有甚者，这种所谓的“绩效不佳”有时只不过是一种假象，它恰恰是因为员工的上级主管人员在绩效考核过程中所掌握的信息不够全面，甚至不够客观公正造成的。在这种情况下，员工本身的专业素质根本没有得到公正的对待，也没有完全显示出来，这样贸然进行培训不仅不能解决绩效问题，反而浪费人力和财力。

综上所述，在对员工需求进行分析时，企业首先应该从多角度着手，考虑造成员工绩效不佳的原因到底是什么，是因为知识、技能或能力不足，还是由于工作动力不够，或职位设计本身，或其他方面的问题。只有真正找到原因所在，才能确定培训是不是解决员工绩效不佳问题的有效途径。

除了上面所述，员工需求分析还有另外两项重要内容：第一，确认哪些员工需要得到培训；第二，这些员工是否已经做好了接受培训的准备。如果员工确实需要接受培训，但是缺乏学会培训内容的基本能力或者参加培训的主观动机，那么，培训也不能起到促进员工绩效改善的作用。为此，管理人员在进行人员分析时，要做到以下两点：

第一，必须确保员工具备参加培训所需要的一些基本技能，其中最主要的是语言理解能力、数字能力和逻辑推理能力等基本的认知能力以及必要的阅读、书写能力等，只有这样，员工才会对掌握培训内容有充分的自信。

第二，管理人员有必要加强同员工的沟通，尤其是通过绩效反馈等方式，使他们充分意识到自己在哪些方面有培训的需要，了解参加培训的收益，明白培训对他们个人的职业发展兴趣以及个人目标具有积极的作用，同时阐明组织对他们参与培训的重视以及所提供的各种支持。这些努力都会有助于强化员工积极参与培训活动的动机，从而为培训最终有效打下良好的基础。

3）任务需求分析

对任务进行分析，主要是为了明确员工需要完成哪些方面的重要工作任务。也就是说，在确定每个职位的员工需要完成什么样的工作之后，组织就可以相应地制订培训计划，有针对性地强化他们相应的知识、技能以及行为能力等。通过任务分析得到的结果则是对员工的工作活动所做的描述，其中包括成功完成这些工作任务所须具备的各种知识、技能和能力。在任务分析中首先需要明确的是员工执行工作任务时的背景因素，包括员工履行工作任务时所使用的工具以及所处的工作环境、完成工作的时间约束、工作中的安全因素或者工作绩效标准等。其具体步骤为：

第一，选择需要分析的职位。每个职位所需要完成的工作任务是不同的，针对要分析的职位进行培训任务的制定。

第二，观察和访谈有相关工作经验的员工和他们的直接上级以及专业人士，列出一份初步的工作任务清单。

第三，与主题专家讨论与工作任务有关的问题，验证这份初步列出的工作任务清单。

第四，通过访谈和问卷调查确定成功地执行每一项工作任务所需要的知识、技能或能力。

在实践中，许多企业会借助胜任素质模型来进行培训需求分析。由于胜任素质模型本身是根据组织的战略和文化导向、员工实际承担的工作任务的要求等制定的，并且有助于确保员工绩效优秀的一系列知识、技能、工作动机、价值观等因素的集合，所以，通过对照员工本人的实际胜任素质水平和理想中的胜任素质要求，就可以帮助组织确定员工个人需要接受哪些方面的培训，才能获得更优的绩效。

2. 制订培训计划

制订培训计划的时候需要从以下几个方面着手：

1）明确培训目标和内容

培训目标在于指出培训对象在接受培训以后，应达到的工作行为标准或应具有的工作表现。目标要力求具体，能够观察、可以衡量，能够成为人们评估培训效果的依据。培训内容包括思想教育、文化知识教育、业务技能培训、经营管理知识培训等。

2）确定培训对象

培训规划要先确定培训对象。培训对象有横向和纵向的划分。横向可以按岗类、岗群、岗系分，如营销岗系干部、财务岗系干部等；纵向可以按级别分，如三级岗位、中级技工等。

3）选择培训地点

培训地点要根据培训内容与手段而定，一般可分为本单位内部培训基地与外部培训机构两种。一般培训地点会提供必要的设备。

4）选择培训师

从事培训工作的培训师主要来源于两个渠道：一种是来自本组织，另一种是从外部聘请。要提高培训质量，必须建立一支实力雄厚的师资队伍。培训师必须具有精深的专业知识和丰富的经验以及卓越的训练技巧和对教育培训工作的执着、耐心、敬业精神。

5）计划培训时间

培训的时间指的是时间长度，一般会因为培训目标、场所、师资和培训对象的素质水平、上班时间等因素的不同而有所差异。例如：新员工因为初来乍到，对很多事物还不熟悉，可能要经历比较长时间的培训，如 1 周至 10 天，甚至 1 或 2 个月。一般员工则可根据培训对象的能力、经验来确定培训期限。培训时间的选定，以尽可能不过分影响工作为宜。

6）选择培训方法

针对不同对象、不同内容的培训，需要选择不同的培训方法。因此，组织在确定培训方法的时候，要根据自己的公司规模、经费预算、技术性质，培训对象、人数、目的等实际情况进行有效的选择。

3. 实施培训活动

1）制订培训预算方案

培训费用预算是指通过会计方法决定培训项目的各项费用支出。为了与组织的收益相适应，成本的预算是必不可少的。在进行成本预算方案的制作之前，要收集员工须参加培训的资料、预计各项费用、购置培训器材、了解培训的成本使用信息、进行成本控制。

在计算培训成本的时候，要根据培训的不同阶段所需的设备、设施、人员和材料的成本，明确不同培训项目成本的总体差异。

培训成本预算就是对培训项目进行成本 - 收益分析，主要是通过会计方法决定培训项目的经济收益的过程，它需要从成本和收益两方面进行考虑。培训成本包括直接成本和间接成本，具体说来，包括培训教师费用、交通费用、培训项目管理费用、培训对象受训期间工资福利以及培训中的其他花费等。培训收益一般为潜在收益，如培训的实施可能降低生产成本或额外成本，或者增加重复购买量。在公司大规模投入资源前，通过实验性的培训评价一小部分受训者所获得的收益；通过对成功的工作者的观察，可帮助企业确定成功与不成功的工作者的绩效差别。

每年培训部门必须就编列的预算向企业管理做简报，简报内容扎实、明确，才能获得管理部门对预算的支持。因此，简报一定要包含培训目标及财务分析报告。

2）选择培训机构

培训机构主要包括管理顾问、管理咨询机构、商务学校、管理学院、培训公司等，通常是在认识到企业内部缺乏拥有满足企业管理目标的知识或技能的受过培训的合格人员之后，才会决定用外部资源来满足培训或发展需求。近些年来，管理顾问的可用性和质量有所提高，培训咨询机构也变得越来越多。

3）实施培训管理

培训课程的实施是指把课程计划付诸实践的过程，它是达到预期课程目标的基本途径。课程设计得再好，如在实践中得不到实施，也没有什么意义。课程实施是整个培训过程中的一个实质性阶段，我们可以从三个方面来对其进行探讨。

（1）前期准备工作

在新的培训项目即将实施之前做好各方面的准备工作，是培训成功实施的关键。准备工作包括以下几个方面：确认并通知参加培训的学员、培训后勤准备、确认培训时间、准备教材、确认理想的讲师。

（2）培训实施阶段

在培训实施过程中，要做好培训上课前的措施；做好培训器材的维护、保管等工作。

（3）培训实施计划的控制

培训实施计划控制步骤如下：收集培训相关资料；比较目标与现状之间的差距；分析实现目标的培训计划，设计培训计划检讨工具；对培训计划进行检讨，发现偏差以及培训计划纠偏；公布培训计划，跟进培训计划落实。

4. 评估培训效果

在培训工作结束后，对其效果进行一个总体的评估是十分有必要的，它可以帮助组织了解之前制定的目标是否实现、哪些方面还需要加强等，进而肯定成绩、找出差距，在以后的培训工作中加以改进，提高培训工作的水平。因此，接下来我们就来看看绩效评估主要涉及哪些指标和方法。

1）评估指标

培训的评估指标可以从两个方面来分析，分别是责任评估指标和绩效评估指标。

（1）责任评估指标

➢ 培训计划评估指标。包括培训计划是否以企业长期经营规划为基础；培训有无必要，有无客观需求；培训目标是否正确；培训时间是否适当。

➢ 培训教材评估指标。包括内容是否符合培训目标，并切合受训员工的程度；教材编写是否自成体系，并突出重点；内容是否深入浅出、针对性和实用性强。

➢ 培训师资评估指标。包括专业知识是否充分；语言是否清晰流畅；表达能力是否令人满意、教材准备是否充分；教学方法是否合适。

➢ 培训设施评估指标。包括环境是否良好、安静；教室和训练场地是否适用；设备是否充足；辅教器材是否运用得当。

➢ 培训成果评估指标。包括受训员工对所学原理、技能、态度的掌握程度如何；培训结果对受训者工作绩效的影响如何；受训者对培训工作的意见如何；接受受训者的意见，改善了哪些工作；培训与人力资源管理措施的结合程度如何（如晋升、调职、加薪等）。

（2）绩效评估指标

➢ 学习指标。用以测定受训员工对所学原理、技能、态度的理解和掌握的程度。

➢ 反应指标。用以测定受训员工对培训计划的反应，包括培训计划是否针对客观的培训需求、计划的内容是否合理和适用等。

➢ 行为指标。用以测定受训员工经过培训后在实际工作岗位中行为的改变，以判断所学知识对实际工作的影响效果，例如受训者的生产质量提高、工作态度改进等。

➢ 成果指标。用以测定受训员工在培训后对企业经营成果的贡献，例如次品率降低、产量提高、缺勤率和离职率降低等。

2）评估方案

（1）时间序列法

在时间序列法中，评价者要在培训之前以及培训之后的一段时间里，按照一个既定的时间间隔来收集培训效果方面的信息。在进行时间序列评价的时候，同样可以使用对照组。这种培训效果评估方案的优点之一是：它使得评估者能够分析培训结果在一段时间内的稳定性。当评估随着时间延续而发生变化的一些可观察性结果（比如事故率、生产率以及缺勤率）时，经常会用到这种类型的培训评价方案。

（2）事后评估

所谓事后评估，就是指评估者不需要在培训之前就进行相关的评估，而是等到培训完成后收集培训方面的信息即可。这种评估方式的优缺点都是很明显的。它的优点就是简单易行，缺点就是无法判断培训是对员工的知识、技能、行为以及组织层面的绩效产生了多大的影响，无法反映相关绩效的改进程度。当然，如果能够再加上一些与受训者高度相似但是没有参加培训的员工作为一个对照组或控制组，就能够通过对比受训员工和未受训员工的行为、技能或绩效对培训的效果做出判断。

（3）事前—事后评估（无对照组）

这种评估方案的设计与事后评估法类似，但是存在一个重要的区别，就是它没有使用对照组。这种不使用对照组的做法会导致评估者很难排除外部经营条件或其他非培训因素对于受训者的绩效所产生的影响。当一个组织想对某一培训项目进行评价，但是又不愿意让一部分员工被排除在培训项目之外时，往往采用这种培训评价方案设计。这是因为如果要设置一个对照组，就必须使一部分员工不参加培训。此外，当组织仅仅需要对一小部分员工进行培训时，也可能会使用这种简单的培训效果评价方式。

（4）事前—事后评估（有对照组）

这种方法的做法是，对一组受训员工与另外一组没有接受培训的员工（即对照组）进行绩效对比。为了收集培训效果方面的信息，就需要在培训之前和培训之后分别对这两个小组进行测试。如果评估结果表明，受训小组中的成员在绩效改进方面所取得的进步明显大于对照小组中的成员，则说明培训确实导致了受训者绩效的改进。

（三）员工培训的应用

1. 新员工入职培训

新员工入职培训是专门针对组织的新员工介绍本单位基本背景情况，使员工了解所从事的工作的基本内容与方法，明确自己工作的职责、程序、标准，并向他们初步灌输组织及其部门所期望的态度、规范、价值观和行为模式等，从而帮助他们顺利适应组织环境和新的工作岗位，尽快进入角色。

新员工被招聘到公司的那一刻起，就隶属公司管理了。如果说招聘是对新员工管理的开始，那么新员工入职培训则是组织对新员工管理的继续。入职培训中，培训者需要将企业的相关信息介绍给新员工，如公司的发展历史、发展战略、经营特点及公司文化和管理制度等。这样做一方面是为了让他们更好地了解公司，另一方面也可以使得员工明确其在公司的位置及工作内容，更便于整个公司的工作的联系和顺利进行。除此之外，对员工进入工作岗位进行激励也是新员工培训的一个重要内容。新员工明确组织的各项规章制度后，可以实现自我管理，节约管理成本。通过岗位要求的培训，新员工能够很快胜任岗位，提高工作效率，取得较好的工作业绩，达到事半功倍的效果。通过新员工入职培训，管理者对新员工更加熟悉，为今后的管理打下基础。

新员工入职培训对个人来说是对组织进一步了解和熟悉的过程，这个过程是帮助他们正确认识公司和自己的良好机会：一方面可以缓解新员工对新环境的陌生感和由此产生的心理压力；另一方面可以降低新员工对组织不切实际的期望值，正确看待组织的工作标准、工作要求和待遇，顺利通过磨合期，在组织长期工作下去。

新员工入职培训是新员工职业生涯的新起点，意味着新员工必须放弃个人原有的与组织不同甚至格格不入的价值观、行为准则和行为方式，适应新组织的行为目标和工作方式。从组织的角度看，要达到使新员工"入模子"的效果。

对新员工进行的入职培训主要可以总结为以下八个方面的内容：

➢ 对组织的历史、宗旨、规模和发展前景进行介绍，在帮助员工了解组织的基础上，激励他们积极工作，为组织的繁荣做贡献。

➢ 对组织的文化、价值观和目标的传达等进行介绍。让新员工知道组织反对什么、鼓励什么、追求什么，在以后的工作中多加注意。

➢ 对组织的经营范围、主要产品、市场定位、目标顾客、竞争环境等进行介绍，增强新员工的市场意识。

➢ 让员工明确组织中各个部门之间的关系以及工作职责，只有了解这些，才能使得他们日后的工作更加协调，也能使得各个部门之间的合作更加顺利。另外，关于有关部门的处理反馈机制也应该明确说明，使新员工明确在组织中进行信息沟通、提交建议的渠道，了解和熟悉各个部门的职能，以便在今后工作中能准确地与各有关部门进行联系，并随时就工作中的问题提出建议或申诉。

➢ 对组织的规章制度和岗位职责进行讲解，使员工在工作中自觉遵守组织的规章，一切工作按组织制定的规则、标准、程序、制度办理。包括工资、奖金、津贴、保险、休假、医疗、晋升与调动、交通、事故、申诉等人事规定，福利方案、工作描述、职务说明、劳动条件、作业规范、绩效标准、工作考评机制、劳动秩序等工作要求。

➢ 对组织的安全措施进行介绍，让员工了解安全工作包括哪些内容，如何做好安全工作，如何发现和处理安全工作中发生的一般问题，提高他们的安全意识。

➢ 对组织员工行为和举止的规范进行介绍。如关于职业道德、环境秩序、作息制度、开支规定、接洽和服务用语、仪表仪容、精神面貌、谈吐、着装等的要求。

➢ 进行业务培训，使新员工熟悉并掌握完成各自本职工作所需的主要技能和相关信息，从而迅速胜任工作。

2. 管理人员开发

所谓管理人员开发，就是指通过传授知识、转变观念或提高技能来改善当前或未来管理工作绩效的培训活动。它包括组织内的教学计划以及专业教学计划。其中，组织内的教学计划一般包括授课、辅导和管理岗位轮换等；专业教学计划一般包括管理协会研修班、大学开设的经营管理人员 MBA 教学计划等。

管理人员的开发之所以受到越来越多的重视，原因是多方面的。当然，内部提升已成为管理人才的主要来源是其中最重要的原因。一项对 84 家公司的调查表明，约有 90% 的主管人员、73% 的中层管理人员、51% 的高层管理人员是从内部提升的。反过来说，事实上，这些管理人员都需要经过某种开发活动，以具备承担新工作或未来可能工作的能力。同样，通过帮助员工或现任管理人员顺利胜任更高职务，管理开发可加强组织的连续性；通过让接受管理培训的人树立为本企业工作的正确价值观和态度，管理开发可帮助这些个体完成社会化过程。

我们针对管理人员开发的培训方法进行总结，主要分为以下几种：

1）接班人培训计划

管理人员开发计划可能是全组织性的，为组织所有或大多数新的或潜在的管理人员的储备进行服务。管理人员开发计划也可能是个别化的，直接为某一具体职务（如 CEO 职务）的人员配置服务。在以为经营管理职务配备人才为目的的情况下，设定高级职位空缺并最终为之配备人员的活动过程被称为接班人培训计划。

接班人培训计划主要包括两个方面：①对接班人进行自身能力的预测，根据将来他要完成的工作对其进行个人计划的制订。②为设定的、最终要配备人员的高级职位进行管理人员需求分析和开发。

对于任何人来说，只有正确认识和了解自己，才能在未来的工作中发挥最大的能量。所以在对接班人进行培训之前，应该给参加培训的人一个评价自己的机会，这样可以帮助他们更好地了解自己的兴趣所在，进而看到自己的不足和潜力所在。俗话说，兴趣是最好的老师，一个人在从事与自己兴趣相符的工作时能够发挥最大的能量，使得工作绩效达到最好的状态。所以，在管理人员的开发计划中，进行一些比较正规的职业兴趣测试是非常必要的。当参加培训的人认识到自己的潜力和不足之后，就有针对性地进行培训，不断开发潜力，克服不足。

2）管理人员的能力培训

管理人员的能力培训包括基础能力、业务能力和素质能力三个方面。其中，基础能力包括知识（主要包括基础知识、专业知识和实务知识）和技能；业务能力包括的内容较多，主要有理解力、判断力、决策力、应用力、开发力、表达力、交涉力、协调力、指导力、监督力和统率力等。

二、企业员工职业生涯规划与管理

个人职业生涯规划与管理在其长远的职业晋升道路上起着重要的积极作用。在本章中，我们就职业含义、职业生涯规划及管理的概念、职业选择理论的内涵、职业发展各阶段的特点等方面进行着重探究。

（一）基本概念

1. 职业的含义

本节内容中主要涉及了职业生涯规划与管理的一些相关研究内容。首先要了解什么是职业以及它的意义、职业生涯规划中的具体要求、职业生涯管理的各时期问题。

所谓职业，是指人们从事的相对稳定的、有收入的、专门类别的工作。“职”的含义是职责、权力和工作的位置，“业”的含义是事情、技术和工作本身。进一步来说，职业是对人们的生活方式、经济状况、文化水平、行为模式、思想情操的综合性反映；也是一个人的权利、义务、权力、职责，即是一个人社会地位的一般性表征。也可以说，职业是人的社会角色的一个极为重要的方面。

现代管理学的发展趋势是，越来越讲求组织运行中的社会层和文化内容，这使组织成员“人”的地位逐步回归。在现代管理活动中，组织也就日益注意员工个人的职业问题，而不仅是从“组织分工”的单一角度出发进行人力资源的开发与管理，在最具有现代理念的组织中，甚至是从员工的个人意愿和生涯出发进行人力资源的开发与管理。

2. 职业生涯规划概念

职业生涯是指一个人一生在职业岗位上度过的、与工作活动相关的连续经历。职业生涯是一个动态过程，它既反映人们参加工作时间的长短，同时也涵盖了人们职业发展、变更的历程和过程。也有学者将职业生涯定义为：是以心理、生理、智力、技能、伦理等人的潜能的开发为基础，以工作内容的确定和变化、工作业绩的评价、工资待遇、职称职务的变动为标志，以满足需求为目标的工作经历和内心体验的经历。

3. 职业生涯管理概念

职业生涯管理，也称职业管理，是对职业生涯的设计与开发过程。它同样需要从个人和组织两个不同的角度进行。从个人角度讲，职业生涯管理就是个人对自己所要从事的职业、要加入的工作组织、在职业发展上要达到的高度等做出规划和设计，并为实现自己的职业目标而积累知识、开发技能的过程。它一般通过选择职业、选择组织、选择工作岗位，在工作中技能得以提高、职位得到晋升、才干得到发挥等来实现。而从组织角度讲，职业生涯管理则是指对员工所从事的职业所进行的一系列计划、组织、领导和控制的管理活动，以实现组织目标和个人发展的有机结合。

现代企业人力资源管理要求企业组织具有职业发展观。职业发展观的主要内容是：企业要为其成员构建职业发展通道，使之与组织的需求相匹配、相协调、相融合，以达到满足组织及其成员各自需要、同时实现组织目标与员工个人目标的目的。职业发展观的核心，是要使员工个人职业生涯与组织需求在相互作用中实现协调与融合。要实现该目标，组织对员工的职业管理就必不可少。职业生涯管理是组织与员工双方的责任，它贯穿于员工职业生涯发展的全过程和组织发展的全过程，是一种持续的、动态的管理。

根据职业生涯管理的内涵与特点，其管理流程如图 2-2 所示。

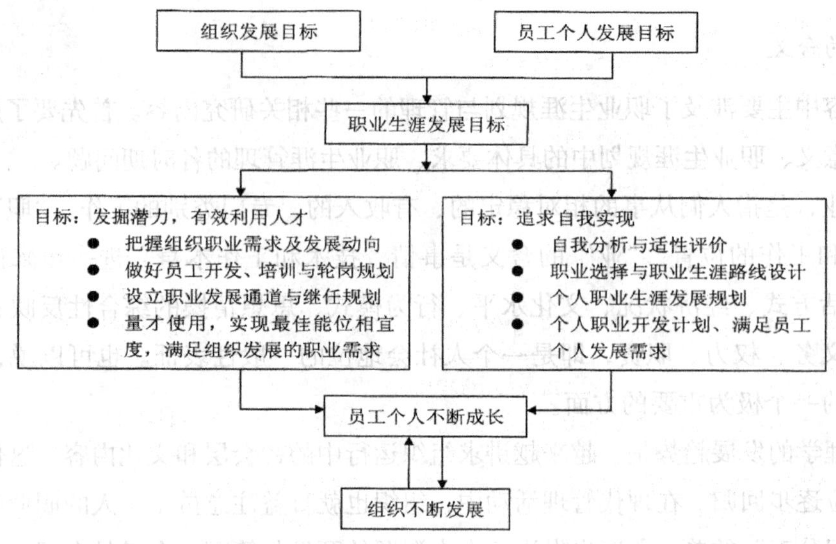

图2-2 职业生涯管理流程图

（二）职业生涯规划

1. 完成职业适应

1）完成职业岗位的适应

一个人走上工作岗位从事某一项职业的劳动，要通过一定的试用期，对自己所任职的岗位逐步熟悉，最后达到胜任的状态。

职业适应的内容，以所在工作岗位的职务说明书或者职业环境为依据，要达到职务说明书所规定的各项内容的要求，包括本职业岗位的工作技能、本职业所需的业务知识、一定的专业背景知识和理论（自己已掌握的知识、理论实践化，对于缺乏的给予有针对性的补充）、组织中各方面工作的联系、组织的各项管理制度等。职业适应最基本、最突出的体现是工作技能的熟练。

上述职业适应方面内容的要求，需要通过自身的学习、模仿和工作单位对员工的入职教育、实习安排、工作实践、“师父”指导、上岗培训、技能训练等途径来达到。

2）完成组织文化的适应

文化问题涉及经济社会发展道路与模式，是当代许多学科高度关注的重大研究领域。组织文化也已成为当代管理学高度重视的问题。

一个人走上一个职业岗位，就是加入一个组织，他就要受到组织的约束和指挥，得到组织的引导和塑造。每一个组织都有自己的文化，这种文化的核心是组织的价值观，其表现是组织做事的风格、模式，也大量表现在人与人的关系上。

人在一个组织中从业，必然要被组织“社会化”，即被组织所认同和被组织中的成员所认同。个人要对自己的行为和思想进行一定的调整和改造，才能达到组织的要求和期望，达到组织成员对自己的接纳。

3）完成职业心理的转换

青年人第一次进入工作岗位，自食其力，挣得工资，真正成为在社会中生存的独立的人。这是彻底完成心理断乳的人生阶段，它意味着人的社会心理的巨大转变。即使是有了一定的职业履历的青年人和成年人，在转换工作、走上新岗位时，不论是转换职业种类、级别还是工作地区迁移，或仅仅变动工作单位，都有面对新情境而进行心理适应的问题。

2. 选择职业方向

美国管理学家薛恩综合了职业发展氛围的各种不同因素，提出了一个职业发展圆锥形趋势的三维结构理论。薛恩指出，职业生涯道路包括纵向、横向、向心三个方向。

纵向发展道路即企业内职工个人职位等级的升降。在企业中，个人的职业发展绝大多数是沿着一定的等级通道进行的，也就是员工得到一系列的提升和发展。当然，只有极少数人可能提升到企业的最高职位上，实现他们最初确定的职业计划目标。

横向发展道路即企业中各平行部门和单位间个人职务的调动，如由工程技术部门转到采购、供应、市场销售等部门。这种情况也叫工作职务转换。横向发展的道路，在中层管理人员中较多采用，这有助于扩大他们的专业技术知识与丰富经历，以便将来再提升到掌管全局的全面性管理行列中。

向心发展道路即由企业外围逐步向企业的核心方向发展。当发生核心方向工作变动时，员工对企业情况就会了解得更多，担负的责任也会更大，并且经常有机会参加重大问题的讨论和决策。沿着核心方向发展与沿着纵向方面发展是相关的。那些具有专业知识、信息和特长的人，易于向企业核心发展。一个人在某个特定的职业岗位上工作，是向该等级职业的核心处发展的，这是一种水平的运动。他能够进入该等级的核心，是通过获得更多的责任和上层人物的信任而实现的。进入了核心，就意味着其职权的增长。

上述三种道路的整合，即构成人的职业生涯变动的三维结构。薛恩绘制了全面反映三维结构的模型，如图 2-3 所示。

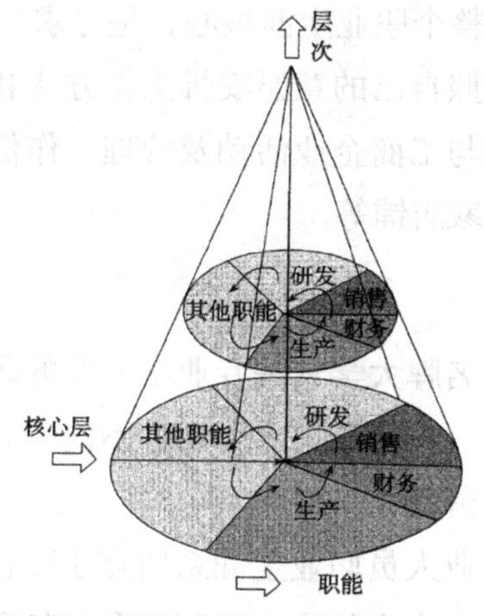

图2-3　职业生涯三维结构

3. 确定终身职业

在我们讨论终身职业时，有一个观点不得不提——职业生涯的归宿理论，该理论主要指源自薛恩的职业生涯系留点理论，是职业生涯发展理论中的重要内容。该理论反映人们在有了相当丰富的工作阅历以后，真正乐于从事某种职业，并把它作为自己终身职业归宿的思想原因。或者说，某种因素把人“系”在一种职业上。在经过长期的职业实践后，人们对个人的“需要与动机”“才能”“价值观”有了真正的认识，即找到了职业方面的“自我”与适合自我的职业，这就形成了人们终身所认定的、假定的再一次职业选择时最不肯舍弃的因素，即“职业生涯系留点”（career anchor）。我国学者又把这一理论称为“职业锚”理论，即人们选中了一种职业，就此“抛锚”、安身。

薛恩把麻省理工学院管理系毕业生的系留点划分为以下五种类别：

第一，技术性能力。这种人的整个职业生涯核心，是追求自己擅长的技术才能和职能方面的工作能力的发挥。其价值观是愿意从事以某种特殊技能为核心的挑战性工作。这批校友最后从事的是技术性职员、职能部门领导等各种职业。

第二，管理能力。这种人的整个职业生涯核心，是追求某一单位中的高职位。他们沿着一个单位的权力阶梯逐步攀升，直到全面执掌权力的高位。这种管理能力体现为分析问题、与人们周旋应付和在不确定情况下做出难度大的决策。他们追求的目标为总裁、常务副总裁等。

第三，创造力。这种人的整个职业生涯核心，是围绕着某种创造性努力而组织的。这种努力的结果是他们创造了新产品、新的服务业务，或者搞出什么发明，或者开拓建立了自己的某项事业。这批校友中，有的人在所奋斗的事业、创造、发明中已经成功；有的人仍然在奋斗和探索着。

第四，安全与稳定。这种人的整个职业生涯核心，是寻求一个组织机构中安稳的职位。这种职位能长期就业，有稳定的前途，能够使个人达到一定的经济地位从而充裕地供养家庭。

第五，自主性。这种人的整个职业生涯核心，是寻求“自由”和自主地工作。具体来说，是能够自己安排时间，能够按照自己的意愿安排工作方式和生活方式。他们最可能离开常规性的公司、企业，但是其活动与工商企业活动及管理工作仍然保持着一定的联系。其职业如教书、搞咨询、写作、经营一家店铺等。

4. 其他职业的系留点

薛恩的上述研究结论是对名牌大学管理专业毕业生的研究，其结论的适应性有着一定的范围。鉴于社会职业的广泛性，薛恩还提出了四种不同于名牌大学管理系科毕业生的社会从业人员可能具有的职业生涯系留点。

在薛恩的理论中，社会从业人员职业生涯系留点主要包括：①基本认同，其含义是在一些社会阶层较低的职业层面，一个人的头衔、制服和其他职务标记可以成为“自我”定义的基本根据，如哈佛大学的校工不说自己是校工而强调自己“在哈佛工作”的身份；②服务，即劳务；③权力欲及扩展；④工作中的多样性追求。

（三）职业生涯管理

1. 制定职业生涯规划表

职业生涯规划表，是组织对员工实施职业生涯规划与管理的主要方法之一，也是设计、实施和观察职业生涯规划与管理的重要工具。

职业生涯规划表可以有不同的内容和多种模式，要根据一个组织的具体情况和职业生涯规划与管理需要来选择和制定。基于职业类别、生涯目标体系内容和生涯通道的综合考虑，对人生各个规划时期的目标与实施内容可列成表格（表 2-8）[①]。

表2-8 职业生涯规划表

姓名		员工编号	
年龄		性别	
所学专业		学历	
目前任职岗位		岗位编号	
目前所在部门		部门编号	
计划制订时间	年 月 日	部门负责人	

职业类型
（在选定种类的题号上画钩，可选择两个或以上）
1.管理；2.技术；3.营销；4.操作；5.辅助
如选择的职业类别更具体、细化，请进一步说明

人生目标
人生目标结构：
1.岗位目标：
2.技术等级目标：
3.收入目标：
4.社会影响目标：
5.重大成果目标：
6.其他目标：
人生通道：
（1）简略图示：
（2）简要文字说明：
实现人生目标的战略要点：

---

①马士斌：《生涯管理》，人民日报出版社2001年版，第60-63页。

续表

长期目标（通常在10年以上） 长期目标结构： 长期通道： 实现长期目标的战略要点：
中期目标（通常在3年以上） 中期目标结构： 中期通道： 实现中期目标的战略要点：
短期目标（通常在1年以上） 短期目标结构： 短期通道： 实现短期目标的战略要点：

（1）自我分析

员工首先应对自己的基本情况（包括个人的优势、弱点、经验、绩效、喜恶等）有较为清醒的认识，然后在本人价值观的指导下，确定自己近期与长期的发展目标，进而拟订具体的职业发展计划。此计划应有一定的灵活性，以便根据自己的实际情况进行调整。

进行正确的自我分析和自我评价并不是一件简单的事情，要经过较长时期的自我观察、自我体验和自我剖析。其中，员工自我评价就是通过对一系列问题的回答来分析自己的能力、兴趣和爱好等的方法。

（2）组织对员工的评估

组织评估是组织指导员工制订职业计划的关键。组织评估的方法主要有以下三种：

第一，从选择员工的过程中收集有关的信息资料（包括能力测试，员工填写的有关教育、工作经历的表格以及人才信息库中的有关资料）做出评估。

第二，收集员工在目前工作岗位上表现的信息资料（包括工作绩效评估资料，有关晋升、推荐或工资提级等方面的情况）做出评估。

第三，通过心理测试和评价中心方法做出评估。发达国家的许多大企业组织都设有评价中心，有一支经过特别培训的测评人员队伍。通过员工自我评估以及评价中心的测评，能较确切地测评出员工的能力和潜质，对员工制订自己切实可行的职业计划具有重要的指导作用。

（3）进行职业生涯发展咨询

在制订职业生涯发展规划时，往往需要为员工提供以下问题的咨询服务工作。

➢ 我现在掌握了哪些技能，我的技能水平如何，我如何提升自己的能力，发展与学习的目标内容确定。

➢ 我在目前工作岗位上真正的需求，如何才能在目前的工作岗位上达到既使上司满意，又使自己满意的程度。

➢ 根据我目前的知识与技能，我是否可以或有可能从事更高一级的工作。

➢ 我下一步应该向何种工作方向发展为好，以及如何去实现这个目标。

➢ 我的计划目标是否符合本组织的情况，如我要在本组织实现我的职业计划目标，应接受哪些方面的培训。

企业的人力资源开发与管理部门及各级管理人员，应协助员工回答这些问题。要搞好咨询或指导工作，就要将各方面的信息资料进行分析总结。对员工的能力和潜能做出正确评价，并根据本企业的实际情况，协助员工制订切实可行的职业计划，并对其职业计划目标的实现和途径进行具体指导和必要支持。

2. 职业发展通道

为员工提供职业生涯发展通道，是组织的重要责任。一般来说，组织在为员工提供生涯发展通道方面需要注意的问题有以下两个方面：

第一，明确职业路径。组织要全面展示自己的机构、职业阶梯、任职条件、竞争情况和成长概率，使每一个员工都清楚地了解本组织的职业生涯路径。在有条件的情况下，还应当帮助每一个员工进行个性化的生涯发展设计。安徽江淮汽车集团公司实行“员工成长路径”的职业生涯规划与管理方法，进行人力资源整合改革，把员工在组织中的发展路径分为技术、管理、生产三类，各有不同的档次等级，员工的晋升有培训、年限和业绩的条件。

第二，工作与职业的弹性化。职业生涯规划的目的之一，是促进员工的全面发展。为此，组织要积极推动工作再设计，采取多通道的职业生涯管理，要在一定程度上打通各通道，使员工的职业生涯发展有更多的选择余地。安徽江淮汽车集团公司的员工成长路径理念是“让每个人有机会成全自己”，员工在不同的职业成长路径之间有着选择的余地和转换的可能，这为普通员工创造了许多脱颖而出的机会。就管理类职务而言，在某职位（如部门经理）有需求的时候，面向集团公司招考。这种职业管理理念，可以使仓库保管成为搞综合计划的职员，使装配工成为销售员，又竞聘成为副经理。

3. 职业生涯规划评价

在人的职业生涯中，对员工的年度评价，是职业生涯规划与管理的一项重要手段。从基本意义上说，年度评价是周期性地对组织职业生涯规划与管理进行“盘点”，它有利于组织检查职业生涯规划与管理工作的效果，发现存在的问题，根据组织及环境的变化及时调整职业生涯规划工作，使职业生涯规划与管理的对象了解情况，积极参与并及时做出调整。

职业生涯规划年度评价的具体方法，包括自我评估、直线经理评估和全员评估几种。一般来说，自我评估是自主和自觉的评估，也是能够取得实效的评估；直线经理评估比较详细，能够与组织的工作有机结合，而且容易跟进组织的职业生涯管理措施；全员评估类似于人力资源绩效评价中的360度考核，评估结果比较全面和客观。

在年度评价之后，往往要进行谈话，并采取一定的职业生涯规划调整措施。

4. 职业生涯面谈

职业生涯面谈，一般是由人力资源部门的职业生涯专职管理人员或者由员工的精神导师对员工实施。其作用归总为如下几点：

➢ 有利于职业生涯规划与管理的深入。

➢ 弥补直线经理在职业生涯规划与管理方面的不足。

➢ 发现员工在职业生涯中的问题，并帮助其解决。

从员工个人的角度看，职业生涯规划与发展主要存在以下问题：

➢ 人生目标选择不当，包括人生目标的层次定位不当（定得太高或太低），目标的侧重点定得不合理。

➢ 生涯通道设计不当，与别人撞车，轮岗时间太长或太短，轮岗顺序不合理等。

➢ 生涯规划不够周密，长期计划缺乏生涯战略，短期计划制订得不详细，没有与轮岗、培训工作结合起来。

➢ 培训不足，在实现职业规划目标的过程中，特别是在岗位变换之后，常常感到力不从心。

不论是职业生涯专职管理人员，还是员工的精神导师，都要学习并掌握面谈技术和一定的心理咨询与诊治知识，这样才能取得较好的职业生涯面谈效果。

（四）组织对员工的职业生涯管理策略

组织职业生涯管理是指组织在员工进入、发展和退出组织的过程中所采取的一系列政策和实践的集合。此管理项目的初步阶段主要涉及人力资源规划、工作分析、招聘与甄选、录用工作，组织社会化等；在发展阶段，主要涉及培训、绩效管理、薪酬管理、晋升管理等；在退出阶段，主要涉及退休、裁员、辞职和解雇等。

当今，越来越多的公司重视对员工的职业生涯进行有效管理。例如：博福－益普生（天津）制药公司本着“对外致力于社会贡献，对内致力于人的发展”的经营理念，把员工职业生涯开发与管理提高到战略的高度加以实施。公司把职业生涯管理视为以企业员工的心理开发、生理开发、智力开发、技能开发、伦理开发等人的潜能开发为基础，以工作内容的确定和变化、工作业绩的评定、工资待遇和职称职务的变动为标志，以满足需求为目标的综合动态管理过程，从而为企业的发展增添了新的动力。

西门子（中国）有限公司十分注重员工的成长与发展，鼓励员工设定自己的职业发展轨迹，员工在工作一段时间后表现出色就会得到提升，即使本部门没有空缺，也会被安排到其他部门，保证员工有充分施展才华的机会。对那些一时不能胜任工作的员工，在尽可能的情况下为他们换一个岗位，让他们进行新的尝试，许多时候，不称职的员工通过调整找到了自己的位置，也干得和别人一样出色。

朗讯科技（中国）有限公司明确推出了如下员工职业生涯规划：当一名新员工进入公司后，部门经理要与其进行一次深入的长谈，询问其来到本公司后对个人发展有什么打算，一年之内要达到什么目标，三年之内要达到什么目标；为了实现目标，除个人努力外，需要公司提供什么帮助。通过谈话，促使员工制订个人职业生涯规划。这已成为一项滚动发展制度，每到年末，部门经理都要和员工一起对照上一年的规划进行检查，同时制订下一年的规划。职业生涯规划不仅为员工架起了成长的阶梯，而且使公司的发展获得了永不衰竭的动力。

下面我们将根据人力资源管理的基本流程和活动领域，探讨具体的员工职业生涯管理对策。

1. 招聘期（初期）的职业生涯管理

组织社会化是指个体从进入组织之前的外部人员到成为组织功能成员的学习过程。

这一过程使新员工转变为组织的内部人员，融入组织当中，并成为其中的一分子。员工的组织社会化内容包括：①了解组织的价值观、目标和文化。②了解工作团体的价值观、规范和人际关系。③学习如何完成工作以及完成工作所需的知识和技能。④产生个人身份、自我形象以及工作动机等相关方面的改变。

因此，公司在新员工入职后的一段时间内，应有计划、有步骤地对其进行引导和培训。

2. 发展期职业生涯管理

1）做好员工职业咨询与职业评测

员工在进入企业之后，经过上岗引导和组织社会化融入组织当中。组织应围绕员工的职业生涯管理做好两个方面的测评：一是运用系列测评软件和测评方法（面试、评价中心等）对员工进行有效的测评；二是基于职业生涯管理视角，对员工进行绩效评价和绩效管理的测评，以找出员工在职业能力方面的优势和不足。

职业咨询需要帮助员工了解公司的岗位设置和晋升渠道，帮助员工根据自身特点确定适合自己的职业目标和职业发展路线。职业咨询活动既可以采取简短的非正式交谈的形式，也可以采取一系列正式讨论的形式。目前，很多公司已设置了相应的职业指导和职业咨询部门，专门为员工的职业发展提供咨询和帮助。

2）为员工提供培训与学习机会

基于员工职业生涯管理的培训与开发，是在对培训需求分析的基础上，根据员工实际发展要求和公司战略目标进行有目的、有规划的员工培训与开发。

目前，有部分公司的培训与开发，或是走形式；或是跟风，人家培训我也培训；或是培训内容并非岗位所需。这种培训对员工、对组织都是不利的。只有基于员工职业生涯发展的培训和开发才是有效的、才是值得投资的。

根据资质模型的观点，能够有效培训的是显性资质，如知识、技能等，而对于个性、价值观等隐性资质的培训通常是无效的。

3）为员工提供岗位轮换与岗位锻炼机会

大多数专家认为，组织为员工提供的工作应是具有挑战性的。比如，在一项以美国电报电话公司的年轻管理人员为对象的研究中，研究者们发现，这些人在公司的第一年所承担的工作越富有挑战性，他们的工作也就显得越有效率、越成功。即使到了五六年之后，这种情况依然存在。专家指出，提供富有挑战性的工作是帮助员工取得职业发展的最有力而又并不复杂的途径之一。

通过在不同的专业领域中进行工作轮换（例如：从生产管理、销售管理，到人力资源管理等），企业的员工们获得了一个评价自己的良好机会，同时，也增长了技能。岗位轮换虽然会造成工作质量的下降和成本的增加，但是从长远来看，这对组织和员工的发展都是非常有利的。一方面，通过岗位轮换，可以培养和锻炼组织所需的管理人员；另一方面，组织也可以由此对员工的资质做出更加有效的评价，为其确立更为合适的岗位奠定基础。

4）合理畅通的职业发展通道规划

组织管理的一项重要工作就是为员工设置合理畅通的职业发展通道。职业通道是组织中职业晋升的路线，是员工实现职业理想和获得满意工作、达到职业生涯目标的路径。组织中的职业发展通道不应是单一的，而应是多重的，以便使不同类型的员工都能寻找到适合自己的职业发展途径。海尔在这方面的探索值得借鉴。海尔对每一位新进厂的员工都会进行一次个人职业生涯培训。由于不同类型员工的自我成功途径不尽相同，因此海尔为各类员工设计出了不同的升迁途径，使员工一进厂就知道自己该往哪方面努力才能取得成功。

3. 衰退期职业生涯管理

在职业生涯管理中，衰退期是指人们的职业后期阶段——临近退休这一段时期。到了这一时期员工的退休问题必然被提上议事日程。大量事实表明，退休会对人们产生很大的冲击，对组织的工作也会产生影响。组织有责任帮助员工认识并接受这一客观事实，帮助每一位即将退休的员工制订具体的退休计划，尽可能地把其退休生活安排得丰富多彩。例如：可以举办老年大学，鼓励临近退休人员发展多种兴趣与爱好；举办联谊会，支持他们参加社会公益活动，以此增进其身心健康。同时，多数退休员工的能力不会随着正式退休而完结，他们拥有丰富的经验、熟练的业务技能和广泛的社会阅历。这时，组织可采取兼职、顾问或其他方式聘用他们。例如：为新员工安排讲座，让退休员工介绍职业生涯规划的经验和一些业务知识；安排退休员工为职业生涯发展中的员工提供心理咨询，从而延长他们的职业生涯，使他们有机会继续为组织发挥余热。

第三章　企业人力资源绩效与薪酬管理研究

在进入中国特色社会主义新时代的关键时期，企业必须进一步深化改革，继续做强、做大、做优，建设成为具有全球竞争力的世界一流企业。企业需要不断激发干部、员工创业的积极性、主动性、创造性，不断增强企业的内生动力、内部活力，企业绩效管理对企业的健康可持续发展具有重要意义和作用。薪酬管理是组织为了实现发展战略，以人力资源战略规划为指导，通过岗位价值分析和薪酬市场调研分析，对薪酬战略、薪酬体系等进行分析、设计、确立、实施和调整的环状过程，对于企业的管理具有突出的作用。本章针对企业人力资源绩效与薪酬管理两方面的内容进行了详细介绍。

第一节　企业人力资源绩效管理

一、人力资源绩效管理基础

（一）绩效概述

由于绩效管理是基于绩效来进行的，因此我们首先要对绩效有所了解。在一个组织中，广义的绩效包括两个层次的含义：一是指整个组织的绩效；二是指个人的绩效。下面主要讨论个人的绩效。

1.绩效的含义

对于绩效的含义，人们有着不同的理解，最主要的观点有两种：一种是从工作结果的角度出发来理解“绩效”。伯纳迪恩等人认为，“绩效应该定义为工作的结果，因为这些工作结果与组织的战略目标、顾客满意感及所投资金的关系最为密切”。凯恩指出，绩效是“一个人留下的东西，这种东西与目的相对独立存在”。不难看出，“绩效是结果”的观点认为，绩效的工作所达到的结果，是一个人的工作成绩的记录。另一种是从工作行为的角度出发来理解“绩效”。墨菲给绩效下的定义是，“绩效是与一个人在其中工作的组织或组织单元的目标有关的一组行为”。这些认为绩效不是工作成绩的观点的依据是：第一，许多工作结果并不一定是个体行为所致，可能会受到与工作无关的其他因素的影响；第二，员工没有平等地完成工作的机会，并且在工作中的表现不一定都与工作任务有关；第三，过分关注结果会导致忽视重要的过程和人际因素，不适当地强调结果可能会在工作要求上误导员工。

应当说，这两种理解都有一定道理，但又都不很全面，因此我们主张应当从综合的角度来理解绩效的含义。所谓绩效，就是指员工在工作过程中所表现出来的与组织目标相关的并且能够被评价的工作结果与行为。理解这个含义，应当把握以下几点：

第一，绩效是基于工作而产生的，与员工的工作过程直接联系在一起，工作之外的行为和结果不属于绩效的范围。

第二，绩效与组织的目标有关，对组织的目标应当有直接的影响作用，例如员工的心情就不属于绩效，因为它与组织的目标没有直接的关系。由于组织的目标最终都会体现在各个职位上，因此与组织目标有关就直接表现为与职位的职责和目标有关。[①]

第三，绩效还应当是表现出来的工作行为和工作结果，没有表现出来的就不是绩效。这一点和招聘录用时的选拔评价是有区别的，选拔评价的重点是可能性，也就是说要评价员工是否能够做出绩效，而绩效考核的重点则是现实性，就是说要评价员工是否做出了绩效。

第四，绩效既包括工作行为也包括工作结果，是两者的综合体，不能偏废。将绩效看作过程和结果的综合体，既强调了企业管理中的结果导向，同时也强调了过程控制的重要性。

2. 绩效的特点

一般来说，绩效具有以下三个主要的特点：

1）动态性

动态性就是指员工的绩效并不是固定不变的，在主客观条件变化的情况下，绩效是会发生变动的。比如说，某个员工的绩效往往会随着时间的推移而不断地发生变化，原来较差的业绩有可能好转，或者原来较好的业绩也有可能变差。这种动态性就决定了绩效的时限性，绩效往往是针对某一特定的时期而言的。这实际上向我们解释了为什么绩效评价和绩效管理中存在一个绩效周期的问题。因此，在评估员工的绩效时，应以发展的眼光看待员工的绩效，切忌以主观僵化的观点看待员工绩效。

2）多维性

多维性就是指员工的绩效往往是体现在多个方面的，员工的工作结果和工作行为都属于绩效的范围，例如一名操作工人的绩效，除了生产产品的数量、质量外，原材料的消耗、出勤情况、与同事的合作、纪律的遵守等都是绩效的表现。因此，对员工的绩效评估必须从多方面进行。一般来说，我们可以从工作业绩、工作能力和工作态度三个维度来评价员工的绩效。当然，不同的维度在整体绩效中的重要性是不同的。

3）多因性

多因性就是指员工的绩效是受多种因素共同影响的，这里既有员工个体的因素，如知识、能力、价值观等，也有企业环境的因素，如组织的制度、激励机制、工作的设备和场所等。并不是哪个单一的因素就可以决定的，绩效和影响绩效的因素之间的关系可以用一个公式加以表示：

①张一弛等：《高绩效人力资源管理与企业绩效：战略实施能力的中介作用》，载《管理世界》2008 年第 4 期，第 107-116 页。

$$P=f(K,A,M,E)$$

在这个关系式中，f 表示一种函数关系；P（performance），是指绩效；K（knowledge），就是知识，指与工作相关的知识；A（ability），就是能力，指员工自身所具备的能力；M（motivation），就是激励，指员工在工作过程中所受的激励；E（environment），就是环境，指工作的设备、工作的场所等。

这里我们以一个打字员的绩效实例来说明。首先，打字员必须具有基本的电脑操作知识（knowledge），这方面的知识直接影响到他的绩效（如打字的正确与否）；其次，打字员的电脑操作能力（ability）（如电脑操作的熟练程度）也影响到他的绩效水平（如打字的快慢）；再次，打字员对完成一项具体的打字任务的重视程度（motivation），同样会影响到他完成打字任务的绩效；最后，电脑设备的性能（硬件系统）、打字员的工作场所（电脑桌的舒适程度）等（environment）也与打字员的绩效相关。

（二）绩效管理概述

1. 绩效管理的含义

绩效管理就是指制定员工的绩效目标并收集与绩效有关的信息，定期对员工的绩效目标完成情况做出评价和反馈，以确保员工的工作活动和工作产出与组织保持一致，进而保证组织目标完成的管理手段与过程。

在现实中，人们对于绩效管理存在一些片面甚至错误的看法，完整准确地理解绩效管理的含义，需要我们很好地把握绩效管理各方面的内容。

2. 绩效管理的内容

对于绩效管理，人们往往把它视同绩效考核，认为绩效管理就是绩效考核，两者并没有什么区别。其实，绩效考核只是绩效管理的一个组成部分，最多只是一个核心的组成部分而已，代表不了绩效管理的全部。完整意义上的绩效管理是由绩效计划、绩效监控、绩效考核和绩效反馈这四个部分组成的一个系统，如图 3-1 所示。

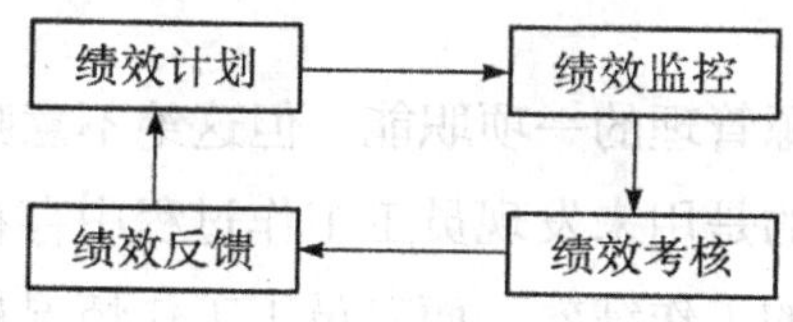

图3-1　绩效管理系统示意图

1）绩效计划

绩效计划是整个绩效管理系统的起点，它是指在绩效周期开始时，由上级和员工一起就员工在绩效考核期内的绩效目标、绩效过程和手段等进行讨论并达成一致。当然，绩效计划并不是只有在绩效周期开始时才会进行，实际上它往往会随着绩效周期的推进而不断做出相应的修改。

2）绩效监控

绩效监控是指在整个绩效期间内，通过上级和员工之间持续地沟通来预防或解决员工实现绩效时可能发生的各种问题的过程。

3）绩效考核

绩效考核是指确定一定的考核主体，借助一定的考核方法，对员工的工作绩效做出评价。

4）绩效反馈

绩效反馈是指绩效周期结束时在上级和员工之间进行绩效考核面谈，由上级将考核结果告知员工，指出员工在工作中存在的不足并和员工一起制订绩效改进的计划。绩效反馈的过程在很大程度上决定了组织实现绩效管理目的的程度。

3. 绩效管理的目的

绩效管理的目的主要体现在三个方面：战略、管理与开发。绩效管理能够把员工的努力与组织的战略目标联系在一起，通过提高员工的个人绩效来提高企业整体绩效，从而实现组织战略目标，此为绩效管理的战略目的。通过绩效管理，可以对员工的行为和绩效进行评估，以便适时给予相应的奖惩以激励员工，其评价的结果是企业进行薪酬管理、做出晋升决策以及保留或解雇员工的决定等重要人力资源管理决策的重要依据，此为绩效管理的管理目的。在实施绩效管理的过程中，可以发现员工存在的不足，在此基础上有针对性地进行改进和培训，从而不断提高员工的素质，达到提高绩效的目的，此为绩效管理的开发目的。

4. 绩效管理的作用

关于绩效管理的作用，在大多数人的概念中就是进行奖金的分配，不可否认，这是绩效管理的一个重要作用，但这绝不是它唯一的作用。绩效管理是整个人力资源管理系统的核心，绩效考核的结果可以在人力资源管理的其他各项职能中得到运用；不仅如此，绩效管理还是企业管理的一个重要工具。关于这个问题，我们在后面会进行详细的阐述。

5. 绩效管理的责任

绩效管理虽然是人力资源管理的一项职能，但这绝不意味着绩效管理就完全是人力资源部门的责任。绩效管理的目的是用来发现员工工作过程中存在的问题和不足，通过对这些问题和不足的改进来改善员工的工作绩效，而对员工工作情况最了解的正是员工所在部门的管理者，因此绩效管理是企业所有管理者的责任，只是大家的分工不同而已。在某种程度上甚至可以说，绩效管理工作水平的高低反映了企业管理水平的高低。

6. 绩效管理的实施

为了达成绩效管理的目的，绩效管理的实施应当贯穿管理者的整个管理过程，在某种意义上，管理者的管理工作其实就是一个绩效管理的过程。绩效管理绝不是在绩效周期结束时对员工的绩效做出评价那么简单，而是要体现在管理者的日常工作中，成为一种经常性的工作，在绩效周期结束时对员工的绩效做出评价只是对这一过程的一个总结。

（三）绩效管理的意义

作为人力资源管理的一项核心职能，绩效管理具有非常重要的意义，这主要表现在以下几个方面：

1. 绩效管理有助于提高员工的满意度

提高员工的满意度对于企业来说具有重要的意义，而满意度是和员工需要的满足程度联系在一起的。在基本的生活得到保障以后，按照马斯洛的需求层次理论，每个员工都会内在地具有尊重和自我实现需要，绩效管理则从两个方面满足了这种需要，从而有助于提高员工的满意度：首先，通过有效的绩效管理，员工的工作绩效能够不断地得到改善，这可以提高他们的成就感，从而满足自我实现需要；其次，通过完善的绩效管理，员工不仅可以参与到管理过程中，还可以得到绩效的反馈信息，这能够使他们感到自己在企业中受到了重视，从而可以满足尊重需要。

2. 绩效管理有助于提升企业的绩效

企业绩效是以员工个人绩效为基础而形成的，有效的绩效管理系统可以改善员工的工作绩效，进而有助于提高企业的整体绩效。目前在西方发达国家，很多企业纷纷强化员工绩效管理，把它作为增强公司竞争力的重要途径。

3. 绩效管理有助于实现人力资源管理的其他决策的科学合理

绩效管理还可以为人力资源管理的其他职能活动提供准确可靠的信息，从而提高决策的科学化和合理化程度。

4. 绩效管理有助于保证员工行为和企业目标的一致

企业绩效的实现依赖于员工的努力工作，人们对此早已形成共识，但是近年来的研究表明，两者的关系并不像人们想象的那么简单，而是非常复杂的，如图 3-2 所示。

努力方向与企业目标的一致性 \ 员工工作努力程度	高	低
高	企业绩效大幅度提高	企业绩效有所提高
低	企业绩效降低	企业绩效无明显变化

图3-2　企业绩效与员工努力程度的关系

可以看出，在努力程度和公司绩效之间，有一个关键的中间变量，即努力方向与企业目标的一致性。如果员工的努力程度比较高，但方向却与企业的目标相反，那么不仅不会增进企业的绩效，相反还会产生负面作用。

保证员工行为与企业目标一致的一个重要途径就是借助绩效管理。由于绩效考核指标对员工的行为具有导向作用，因此通过设定与企业目标一致的考核指标，就可以将员工的行为引导到企业目标上来。例如：企业的目标是提高产品质量，如果设定的考核指标只有数量而没有质量，那么员工就会忽视质量，甚至影响到企业目标的实现。

（四）绩效管理与人力资源管理其他职能的关系

绩效管理在企业的人力资源管理系统中占据着核心位置，发挥着重要的作用，并与人力资源管理的其他职能活动之间存在着密切的关系。

1. 与人力资源规划的关系

绩效管理对人力资源规划的影响主要表现在人力资源质量的预测方面，借助绩效管理系统，能够对员工目前的知识和技能水平做出准确的评价，这可以为人力资源供给质量的预测和人力资源需求质量的预测提供有效的信息。

2. 与职位分析的关系

职位分析是绩效管理的基础。在绩效管理中，对员工进行绩效考核的主要依据就是事先设定的绩效目标，而绩效目标的内容在很大程度上都来自通过职位分析所形成的职位说明书。借助职位说明书来设定员工的绩效目标，可以使绩效管理工作更有针对性。

3. 与薪酬管理的关系

绩效管理与薪酬管理的关系是最为直接的，按照赫茨伯格的双因素理论，如果将员工的薪酬与他们的绩效挂起钩来，使薪酬成为工作绩效的一种反映，就可以将薪酬从保障因素转变为激励因素，从而可以使薪酬发挥更大的激励作用。此外，按照公平理论的解释，支付给员工的薪酬应当具有公平性，这样才可以更好地调动他们的积极性，为此就要对员工的绩效做出准确的评价，一方面，使他们的付出能够得到相应的回报，实现薪酬的自我公平；另一方面，也使绩效不同的员工得到不同的报酬，实现薪酬的内部公平。

4. 与招聘录用的关系

绩效管理与招聘录用的关系是双向的。首先，通过对员工的绩效进行评价，能够对不同的招聘渠道的质量做出比较，从而可以实现对招聘渠道的优化。此外，对员工绩效的评价也是检测甄选录用系统效度的一个有效手段，这一点在讲效度的时候已经做过详细的阐述。其次，招聘录用也会对绩效管理产生影响，如果招聘录用的质量比较高，员工在实际工作中就会表现出良好的绩效，这样就可以大大减轻绩效管理的负担。

5. 与人员调配的关系

企业进行人员调配的目的就是为了实现员工与职位的相互匹配，通过对员工进行绩效考核，一方面可以发现员工是否适应现有的职位，另一方面也可以发现员工适宜哪些职位。

6. 与培训开发的关系

绩效管理与培训开发也是相互影响的，在讲培训需求分析时已经指出，通过对员工的绩效做出评价，可以发现培训的“压力点”，在对“压力点”做出分析之后就可以确定培训需求；同时，培训开发也是改进员工绩效的一个重要手段，有助于实现绩效管理的目标。

对员工进行绩效考核，还可以减少解雇辞退时不必要的纠纷。在西方发达国家，解雇员工时必须给出充分的理由，否则可能会引起法律纠纷，而绩效管理就是一种有效的手段，如果连续几年某员工的绩效考核结果都不合格，就证明该员工无法胜任这一职位，企业就有足够的理由来解雇他。随着全球一体化进程的加快和员工法律意识的增强，这个问题应当引起国内企业的重视。

二、构建绩效考核指标体系

（一）考核指标的设计方法

管理学界和企业界通过大量研究和实践，提供了很多设计考核指标的工具方法。若要对这些方法运用自如，则需要把握它们的本质区别。

1. 杜邦分析法

企业绩效考核指标设计的方法很多，杜邦分析法（DuPont Analysis）是一种企业常用的经典方法，它利用几种主要的财务比率之间的关系来综合分析企业的财务状况，评价企业盈利能力和股东权益回报水平，从财务角度评价企业绩效。其基本思想是将企业净资产收益率按照三大维度（即盈利能力、偿债能力和运营能力）逐级分解为多项财务比率乘积，以深入分析、比较企业经营业绩。由于这种分析法最早由美国杜邦公司使用，故名杜邦分析法。杜邦分析法的基本逻辑结构如图 3-3 所示。

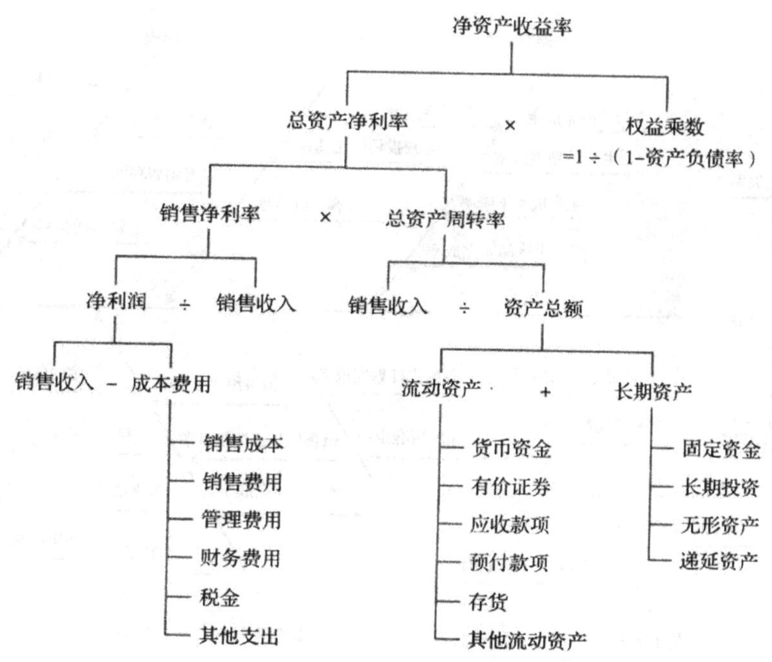

图3-3 杜邦分析法的基本逻辑结构

2.EVA

EVA（Economic Value Added）就是指经济增加值，顾名思义就是以经济增加值为基础进行企业绩效考核指标的设计。经济增加值是指企业税后净营运利润扣除包括股权和债务的全部投入资本成本后的所得。20世纪90年代初，为了适应企业经营环境的巨大变化，美国思腾思特咨询公司提出并实施了一套以经济增加值理念为基础的财务管理系统、决策机制、激励报酬制度以及业绩评价指标。EVA的目的在于克服杜邦分析法及其他方法的缺陷，准确反映企业为股东创造的价值。

例如：某大型集团旗下有一家子公司—A公司，集团为了促进A公司发展向其投入资本1亿元，第一年盈利1000万元。按杜邦分析法分析，A公司利润业绩很好，但是按EVA分析，结论可能是相反的。当初集团给A公司投入1亿元资本的时候，面临两种选择，投资给A公司或投入到其他领域。假如投资其他领域的平均投资回报率是15%〔投资回报率（ROI）=年利润或年均利润/投资总额 ×100%〕，集团在决定投资A公司的时候，它的机会成本就是1 500万元，但A公司的利润只有1000万元，那么它的EVA值是负的。

3.KPI

KPI（Key Performance Indicator）即关键业绩指标，当前很多企业都利用KPI进行员工绩效考核，是通过对组织内部流程的输入端、输出端的关键参数进行设置、取样、计算和分析，衡量流程绩效的一种目标式量化管理指标。它将企业的战略目标分解为可操作的工作目标，是被研究和应用最多的企业绩效管理考核方法。

企业采用KPI必须遵从“二八原理”，即80%的绩效是由20%的关键行为完成的。抓住20%的关键行为，对之进行分析和衡量，就能抓住业绩的核心。 KPI通常运用鱼骨图的形式来表达指标的逻辑关系，如图3-4所示。

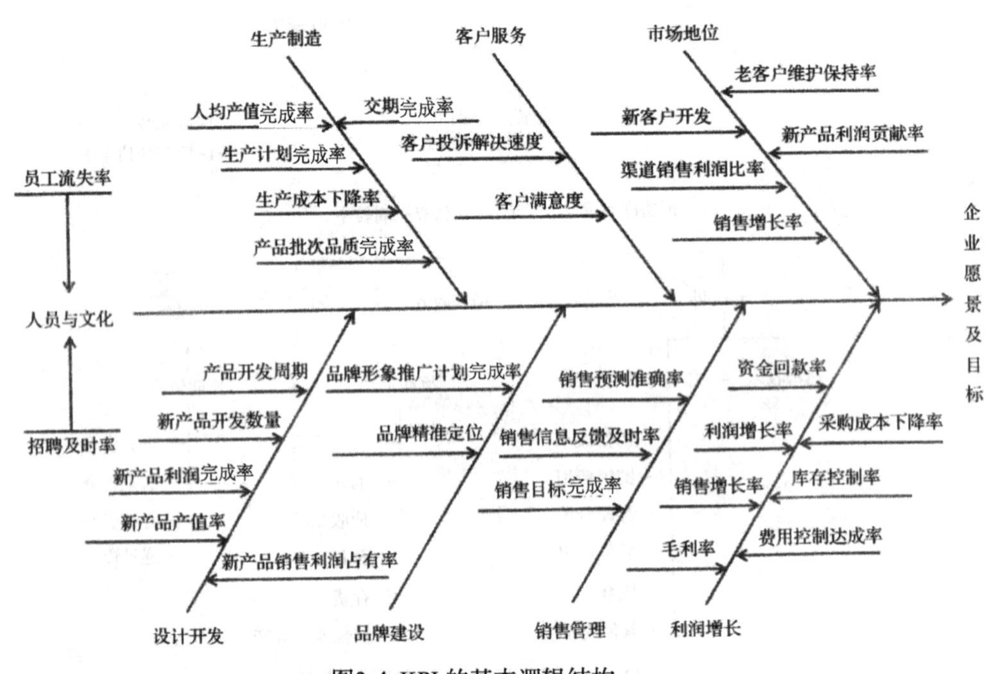

图3-4 KPI的基本逻辑结构

从KPI的基本逻辑结构鱼骨图中可以看出，位于“鱼头”的是企业愿景及目标，在“鱼头”后方的直接驱动企业愿景和目标实现的一系列关键因素，就是一级驱动因素，即图 3-4 中的生产制造、客户服务、市场地位、设计开发、品牌建设、销售管理、利润增长，每个一级驱动因素用一个鱼刺来表示。在一级驱动因素下还有二级驱动因素，比如市场地位的二级驱动因素包括新客户开发、老客户维护保持率、渠道销售利润比率、新产品利润贡献率、销售增长率。二级驱动因素越多，鱼刺就越长。

按照彼得 · 圣吉在《第五项修炼：学习型组织的艺术与实践》中提到的观点，企业出现的问题有两种解决方法：一种是根本解决方法，一种是症状缓解方法。KPI 就是寻找“根本解决方法”，需要以目标为起点，进行层层分解，梳理各层次的驱动要素，通过敏感性分析，找到最关键的考核指标。

4.BSC

BSC(Balanced Score Card)是诞生于 1992 年的一种绩效指标设计法，BSC 即平衡计分卡，由两位美国教授罗伯特·卡普兰和戴维·诺顿共同提出。它从企业的财务、客户、内部流程、学习和成长四个层面对企业进行全面的考核评价，如图 3-5 所示。

战略

财务

回答为股东创造什么样的价值

财务方面（示意）			
目标	衡量指标	目标值	行动计划
收益			
成长			
股东价值			

客户

回答为了实现股东价值，企业必须在市场上达到哪些目标，靠什么举措达到

客户方面（示意）			
目标	衡量指标	目标值	行动计划
形象			
服务			
价格/成本			

内部流程

回答为了实现市场上的竞争目标，在企业的内部流程上必须强化哪些职能或管理体系

内部流程方面（示意）			
目标	衡量指标	目标值	行动计划
流程循环时间			
质量			
产量			

学习和成长

回答为了保持企业的持续竞争优势，必须积累哪些核心资源，培育哪些核心能力

学习和成长方面（示意）			
目标	衡量指标	目标值	行动计划
市场创新			
持续学习			
治理财产			

图3-5 BSC的基本逻辑结构

从图 3-5 可以看出，我们可以从财务、客户、内部流程以及学习和成长四个层面搭建 BSC 的基本逻辑结构，需要在不同层面回答不同问题，以进行科学的绩效评价。

一是财务层面 ：基于股东的诉求，为股东创造什么样的价值？能达到什么样的目标？

哪些关键指标影响着股东价值的实现？

二是客户层面：为了实现股东的价值，企业必须在市场上达到什么目标？需要用哪些关键举措吸引客户？

三是内部流程层面：为了实现市场上的目标，企业在内部流程上必须强化哪些职能或管理体系？比如，企业想要依靠低廉的价格在市场上占位，就要对内部运营流程提出成本控制要求；企业想要以优质服务来打开市场，就要对内部运营流程提出高水准客户服务要求。

四是学习和成长层面：将企业内部运营做好，提高外部市场竞争力，只能支撑当下阶段的财务目标。若想持续经营，企业必须培育长期的、持续的核心能力。这一层面需要回答企业必须积累哪些核心能力，以及如何培育。

5.OKR

OKR（Objectives and Key Results）即目标与关键成果法，是一套定义和跟踪目标及其完成情况的绩效管理方法，于 1999 年由英特尔公司提出，后来此方法被推广到甲骨文、谷歌、领英等高科技公司，并逐步流传开来。

当前，很多从事创新业务的企业选择 OKR，如 IT 行业、风投行业、游戏行业等都倾向于选择这种绩效指标设计法。创新业务领域的特征是对未来发展需要不断探索，没人确切知道下一步应该如何走。这就要求保持灵活性，先提出一个阶段性目标进行尝试，一旦走不通，就改变路径，甚至改变原来的目标。OKR 鼓励上下级之间共同确立目标，然后大胆试错，目标要有挑战性，路径要有灵活性，以此来保持企业的创新能力。

相较于其他绩效考核方法，OKR 对待考核结果的态度有所不同，按照 OKR 考核法的理念，考核结果分数太高或太低都不好，得 60 ~ 70 分才是好的，这与我们一般认为考核结果分数越高越好、越低越差存在较大差异。如果得 100 分，说明提出的“O”不具有挑战性；如果得 30 分，则说明设定的“O”可能不具有可行性；如果得 60 ~ 70 分，说明“O”既有挑战性，又有可行性。

（二）绩效指标权重与目标的设计

绩效指标权重设计是绩效评估的关键。因为绩效结果对企业战略的贡献度不同，部门或者岗位的工作重心不同，绩效指标应有一定的权重之分。合理分配绩效指标的权重能够帮助企业更有效地进行绩效管理。

1. 绩效指标权重的设计方法

当前有很多绩效指标权重设计方法，并且随着绩效考核越来越受重视，绩效指标权重设计方法还会越来越丰富。

1）质量评分法

企业选择质量评分法，首先需要事先设置绩效指标大类的比例，由绩效管理人员根据绩效指标的质量评分得出每项指标的加权得分，然后计算出指标权重值的方法。绩效指标的质量评分可以根据需要设置，一般包括与战略的相关性、指标与岗位的关联性以及岗位的可控性等，也可以根据企业需要设置其他的质量评价项。

例如：某企业将某个绩效评价目标部门的绩效指标大致上划分为两大类，一类是关键业绩指标，另一类是企业安排的重大任务指标。这两项指标的权重企业已经确定，分别是 70% 和 50%。其中关键业绩指标有三个，分别是指标 1、指标 2 和指标 3；重大任务指标有两个，分别是指标 4 和指标 5。

考虑企业实际情况后，绩效管理人员选择质量评分法确定各项绩效指标的权重。经与绩效管理委员会讨论，决定采用战略相关性、指标与岗位的关联性以及岗位的可控性三项指标作为质量评分项，分别占比为 60%、20%、20%。经过对五项指标的最终评分，得出指标的权重结果如表 3-1 所示。

表3-1 质量评分法获得绩效指标权重结果

指标类型	指标权重	具体指标	绩效指标质量评价得分				权重
			战略相关性（60分）	指标与岗位的关联性（20分）	岗位的可控性（20分）	加权得分（100分）	
关键业绩指标	70%	指标1	50	15	15	80	24.3%
		指标2	40	10	10	60	18.3%
		指标3	55	20	15	90	27.4%
重大任务指标	30%	指标4	60	15	20	95	15%
		指标5	60	20	15	95	15%

2）企业生命周期法

企业具有生命周期，这就决定了企业绩效指标权重可以按照这一天然属性进行设置。在企业自上而下设置绩效指标的时候，可以充分考虑企业生命周期对绩效指标权重的影响，将其有效地运用到部门和岗位的绩效指标设计中。企业生命周期对绩效指标的影响可以参考表 3-2，表中 5 代表程度最高，1 代表程度最低。

表3-2 企业生命周期与绩效指标权重参考表

时期 指标	创业期	发展期	扩张期	成熟期
财务指标	3	4	5	4
市场指标	2	5	4	4
客户指标	2	3	5	4
研发指标	5	4	2	4
战略管理指标	1	2	3	5
贡献指标	1	4	3	4

3）因子比较分析法

因子比较分析法顾名思义就是一种以比较为基本方法的绩效指标权重设置方法。企业选择因子比较法，就需要以绩效指标两两比较的结果作为基础进行权重设置，也就是通过比较得出评分，再根据评分算出最终的权重。

例如：某公司为了对某部门的工作情况进行绩效评定，首先确定了五个反映部门工作情况的绩效指标，即指标1、指标2、指标3、指标4和指标5。绩效管理人员运用因子比较分析法确定这五项指标的权重，对指标两两比较后得出的结果如表3-3所示，表中5代表最重要，1代表最不重要。。

表3-3 因子比较分析法结果样表

绩效指标	指标1	指标2	指标3	指标4	指标5	评分值	权重
指标1	×	5	5	2	1	13	22%
指标2	1	×	3	4	3	11	18%
指标3	1	3	×	1	2	7	12%
指标4	4	2	5	×	1	12	20%
指标5	5	3	4	5	×	17	28%

因子比较分析法的表中最左端纵向的指标1到指标5和最上端横向指标1到指标5是相同的五个指标。表中数据指的是最左端纵向的指标N与最上端横向的指标N比较的重要程度。评分值是横向重要程度得分的数值加总。最后的权重的结算公式为：指标N的权重＝指标N的评分值 ÷∑ 指标评分值。

4）专家评审法

企业采用专家评审法，就必须组织相关人员组成专家团，由专家团组成人员担任绩效评价的评委，独立对当前所有的绩效指标权重进行评价，根据专家评价的结果取平均值，得出最终的绩效指标权重。

例如：某公司根据战略和绩效价值结构分解，对销售部门设置的绩效指标分别为销售额、毛利额、顾客数量增加、回款率、销售费用控制。为了确认这五项指标的权重，绩效管理人员组建了绩效管理专家组。

该企业在组建专业评审专家组时，选择由总经理、常务副总经理、分管销售的副总经理以及两位外部的咨询顾问担任专家组成员。专家组成员对销售部门五项绩效指标的权重设置实施独立评价，得到的最终结果如表3-4所示。

表3-4 专家组成员对销售部门绩效指标评分结果

—	A评委	B评委	C评委	D评委	E评委	平均值
销售额	30%	40%	25%	20%	35%	30%
毛利额	10%	5%	15%	10%	10%	10%
顾客数量增加	30%	25%	35%	40%	35%	33%
回款率	20%	25%	20%	20%	15%	20%
销售费用控制	10%	5%	5%	10%	5%	7%

2. 绩效指标目标值的设置方法

在企业绩效评价中，绩效指标目标值的设置具有关键性作用，可以说目标值设置决定了绩效责任人实现绩效目标的难易程度，同时也决定了当绩效目标实现的时候，企业整体战略的实现程度。因此，对绩效目标的制定，既要考虑顶层设计，又要考虑岗位员工的实际能力。

当前随着人们越来越重视企业绩效管理，出现了绩效指标目标值设置方法，其中比较常见的方法有四种，即分别是标杆基准法、自下而上法、自上而下法和趋势外推法。

一是标杆基准法。标杆基准法是企业以行业内的标杆企业为参照基准，根据标杆企业的做法设置自身的绩效指标目标值。

二是自下而上法。自下而上法是各岗位的员工根据企业战略的大方向，结合自己工作开展的情况，自行设置绩效指标的目标值，并上报给直属上级，再由直属上级向上上报，在企业相关管理层审批后生效。

三是自上而下法。自上而下法是根据企业的战略目标和经营计划，对企业期望达到的业绩实行层层分解，先分解到部门，再分解到岗位，然后硬性地把绩效目标值和岗位上的员工做强关联，让各部门或者各岗位员工必须执行该目标值。

四是趋势外推法 。趋势外推法是根据企业经营的历史数据，根据数据的趋势分析，得出绩效指标的目标值。例如：某企业前三年的销售业绩的增长率分别是5.6%、5.8%和5.9%。根据此数据，如果企业经营平稳，经营战略没有变化，下一年制定销售业绩增长的目标时，可以考虑6%左右。

上述四种绩效目标值的设置方法优缺点比较如表3-5所示。

表3-5 四种方法的优缺点比较

方法 优缺点	标杆基准法	自下而上法	自上而下法	趋势外推法
优点	目标值的设置结合市场情况，目标具有一定的挑战性	员工的认可度较高；比较容易实施	绩效指标的目标值确定比较科学	符合企业的实际情况，成本较低，易于让员工接受
缺点	可能目标值的标准过高造成员工信心不足，或造成员工的抵触情绪，需要大量沟通	可能会导致绩效指标的目标值水平较低，难以支撑企业战略发展需要	操作难度较大；员工可能存在抵触情绪，需要大量沟通	由于企业的发展是动态的过程，有时候历史数据是否值得参考需要仔细评估

3. 绩效指标质量的检验方法

绩效指标的质量也可以叫作绩效指标的有效性，指的是绩效指标是否为企业目标的实现提供有效的支持。有效性越高，代表绩效指标的质量越高。绩效指标的质量可以从以下八个维度进行评估，具体内容如下：

1）战略一致性

绩效指标的战略一致性指的是绩效指标能否与企业战略所处的阶段相一致。能否与绩效责任人的上层、下层相一致，能否与企业目标、部门目标和岗位目标相一致。

2）可衡量

绩效指标的可衡量性指的是该绩效指标是否能够被度量。这里的度量不仅指的是量化的度量，同时也包括行为层面的度量。

3）关联性

与被考核人的关联性是评估该绩效指标是否和绩效的责任人具有关联。如果绩效指标与被考核人不存在关联，则这项指标即使再重要，也不能用来作为被考核人的绩效指标。只有与被考核人存在关联的绩效指标，才能被用来当作被考核人的绩效指标。

4）精准性

绩效指标的精准性指的是该绩效指标是否有稳定的数据来源和科学的数据处理方法，保证绩效指标的获取是准确无误且不存在偏差的。

5）可控性

绩效指标的可控性指的是这项绩效指标能否被绩效责任人控制，能否通过被考核人的努力完成。该绩效指标和被考核人之间的关系是不是直接的责任归属关系。对被考核人来说，可控性越低的绩效指标质量也越低。

6）低成本

绩效指标的低成本指的是绩效管理人员或者考核人员要获取该绩效指标需要付出的成本是否足够低。如果为了获取数据需要付出的成本过高，则该绩效指标的质量就比较低。

7）战略贡献度

绩效指标的战略贡献度指的是绩效指标能否最终对实现企业的某项战略目标提供贡献和帮助。

8）可实施性

绩效指标的可实施性指的是该绩效指标能否被企业有效地实施，实施过程中遇到的难题能否被有效地解决。

绩效管理人员检验绩效指标的有效性时，可以用这八项内容作为横向内容、绩效指标作为纵向内容，对绩效指标进行评分，如表 3-6 所示。

表3-6　绩效指标有效性检验表

绩效	1	2	3	4	5	6	7	8	
指标	战略一致性	可衡量	关联性	精准性	可控性	低成本	战略贡献度	可实施性	结论
A									
B									
C									

绩效指标有效性检验表在使用的时候，表格最左端的 ABC 处填写具体的绩效指标，每项绩效指标对应的八个维度的判断可以用高、中、低三个层级来表示，也可以用 5、4、3、2、1 从高到低的五个分值来表示，还可以用是或否来表示。

4. 绩效目标质量的检验方法

企业进行绩效管理，必须对设置后的绩效目标进行科学合理的检验，从而保证这些绩效目标保持较高质量。比较简单的方法是通过对照和回答如下问题检验绩效目标的质量。

- 企业、部门、岗位绩效目标是否包含明确的时间因素？
- 企业、部门、岗位绩效目标是否已经考虑如何被衡量？
- 企业、部门、岗位绩效目标能否反映出企业的价值观？
- 企业、部门、岗位绩效目标是否鼓励和支持员工创新？
- 企业、部门、岗位绩效目标是否足够清晰明确且具体？
- 企业、部门、岗位绩效目标之间是否具备一致性？
- 企业、部门、岗位绩效目标是否能够保证是结果导向？
- 目标是否与员工的岗位、能力以及能调配的资源相匹配？
- 目标是否鼓励和支持超越客户期望行为发生的可能性？
- 目标是否涵盖了企业／部门／岗位需要完成的关键结果？
- 目标的设定是否考虑了难度，并具有合适的难度水平？
- 目标制定中是否考虑员工意见并与员工讨论达成一致？
- 汇总所有员工的目标之后，是否与企业整体的目标吻合？
- 各部门和各岗位的目标是否能帮助员工建立信任和尊重的关系？

企业需要用“是”或“否”回答以上这些问题，通过回答结果判断目标质量。具体来说，“是”越多，代表绩效目标的质量越高；“否”越多，代表绩效目标的质量越低。

第二节　企业人力资源薪酬管理

一、薪酬管理的战略性定位

（一）薪酬管理的原则

1. 公平性原则

公平性原则是薪酬管理的首要原则，指的是企业进行薪酬管理时，首先要考虑员工心理上的公平感、认同感和满意度方面的感受。实施公平性原则需要考虑员工在以下三个层面的感受：

第一个层面：外部公平性感受。外部公平性感受是员工对外部其他同类企业的同类岗位进行对比后产生的是否公平的感受。这种公平感来源于员工对外部市场中同类岗位人才获得价值的判断和自身岗位获得价值之间的比较。

第二个层面：内部公平性感受。内部公平性感受是员工对公司内部其他同类级别和岗位进行对比后产生的是否公平的感受。这种公平感来源于员工对个人付出努力、绩效评定结果、个人价值的实现与其他同类岗位同事之间的比较。

第三个层面：制度运行公平性感受。制度运行公平性感受是员工对公司薪酬制度和政策执行过程中是否公平公正、公开和严格性的感受。这种公平感来源于员工对公司薪酬管理质量的主观判断。

公平性原则是相对的，而不是绝对的。薪酬管理不可能做到每个人都满意。公平性原则的含义不是追求绝对意义上的工资水平的平均，而是综合考虑岗位价值、个人能力、贡献大小、绩效高低等因素，采取各岗位薪酬“该高的高，该低的低”的相对公平的原则。

2. 竞争性原则

竞争性原则指的是企业如果想吸引外部人才就应采取在外部劳动力市场中相对有竞争力的薪酬政策。如果企业设置的薪酬水平在外部市场没有竞争力，那么不仅很难吸引到外部的优秀人才，企业内部的优秀人才也可能因为薪酬政策的劣势而选择离开。

需要特别注意的是，竞争性原则不代表企业一定要采取薪酬水平的绝对高值。绝对高值的薪酬水平不具备弹性和灵活性，有时候反而造成财务上的浪费，不一定能起到好的作用。有竞争力的浮动薪酬，丰富灵活的福利体系，良好的雇主品牌、工作环境、组织文化和管理氛围等，同样可以带来具有竞争性的效果。

3. 激励性原则

激励性原则指的是薪酬政策应能够在一定程度上激发员工的积极性，责任薪酬通常是企业对员工最基本的激励方式。

激励性原则不代表一定要采取高薪政策才能够有效地激励员工。人才激励靠的是体系和机制，而不是单一的高薪。物质激励是基础，精神激励是根本，在两者结合的基础上，才能实现激励性的目的。

满足员工的需求是有效激励的第一步，但员工需求各有不同，而且随时空不断变动，所以要实施有效的激励，管理层必须了解员工、关心员工，有针对性地实施激励，才能达到最佳的效果。

激励性原则也不是一味地肯定和纵容员工的所有行为。激励有正激励和负激励之分。正激励是组织对员工产生组织希望看到的行为而实施奖励，负激励是组织对员工产生组织不希望看到的行为而实施惩罚。

4. 经济性原则

经济性原则指的是企业在实施薪酬管理时，要充分考虑自身的经营情况、财务状况和薪酬承受能力，用有限的资金发挥最大的效果。经济性原则与竞争性原则和激励性原则之间的关系并不矛盾，而是相互制约的对立统一关系。

经济性原则有以下三层含义：

第一，实现财务资源在人力资源上的最优配置。经济性原则并不是强调应该采取低薪酬水平的策略，而是对于薪酬水平可以低的岗位设置低薪酬、对薪酬水平需要高的岗位设置高薪酬。

第二，实现人力资源的最合理、最优化配置。人力资源配置的过剩冗余同样是不经济的，是对企业资源的一种浪费。所以在人力资源的配置和利用方面，企业同样应给予关注。

第三，实现人力费用使用的最优化。人力费用的增长本质上是企业对劳动力的投资。一般来说，企业每年人力费用的增长幅度应低于利润额的增长幅度，同时也应低于劳动生产率的增长速度。企业增加人力费用的同时应该创造出相应的价值。

5. 战略性原则

战略性原则指的是企业在实施薪酬管理时，要站在企业战略发展和目标的高度，充分考虑企业的战略。除了考虑公平性、竞争性、激励性和经济性之外，薪酬管理还应是一种有助于企业战略实现的管理手段。

企业在设计薪酬政策前，要明确战略目标和规划，明确在战略实现方面，薪酬管理中的哪些因素相对比较重要，哪些因素次之，对每项因素有优先级排序，确定其对战略的重要性。

（二）薪酬管理的战略制定

薪酬战略是组织为了实现战略目标、有效利用薪酬管理体系、合理配置资源、激发员工积极性而制定的薪酬策略、薪酬计划和具体行动的总和，是组织整体薪酬管理体系的工作思路贯彻和行动方案，是对人力资源的配置、激励和开发进行预见性、远见性和全局性的规划。

企业战略是制定薪酬战略的基础和依据。不同的企业战略有不同的特点和定位，决定了薪酬战略也应有不同的侧重。要帮助企业实现战略目标，薪酬战略和薪酬管理应与企业的战略相适应和匹配。

1. 根据企业总体战略制定薪酬战略

企业的总体战略可以分为发展型战略、稳定型战略和收缩型战略三类。

发展型战略是组织利用自身的资源优势，通过组织的增强、扩张、兼并、收购、联合等一系列的发展方式，实现一体化或多元化的战略。实施发展型战略的组织特别强调组织成长、新市场开发、创新意识和组织与员工风险共担等。

稳定型战略是一种采取平稳运行的较低风险战略。采取稳定型战略的组织一般已经有一定的经营基础，所处经营环境比较稳定，业绩和规模增长缓慢，经营风险较小。稳定型战略一般采取与过去相同或相似的战略目标，几乎不改变经营模式或产品类别。

收缩型战略是组织收缩战线，采取剥离、转移、重组、清算部分资产、产权或资源的战略。采取收缩型战略的组织往往是因为遇到了经营或财务困难或组织过于庞大或复杂，出现大量的资源冗余、闲置或浪费。

企业总体战略和薪酬战略的对应关系如表 3-7 所示。

表3-7 企业总体战略和薪酬战略对应表

企业总体战略	薪酬战略
发展型战略	➢ 实行高弹性的薪酬策略，员工与企业共担风险、共享收益 ➢ 适合透明度高的薪酬体系，强调员工参与，注重收益分享 ➢ 可实行较低的固定薪酬和宽带薪酬制度 ➢ 实行与业绩相关的短期激励和长期激励，激发员工的积极性和创新意识 ➢ 注重内部激励性的同时，还要注重外部的公平性和规范化
稳定型战略	➢ 薪酬战略以保留人才和维稳为目的 ➢ 保持薪酬的内外部稳定性，保证对内的公平性以及对外的追随性 ➢ 薪酬和福利水平一般取中位值 ➢ 适合综合型的薪酬体系和较高集中度的薪酬管理决策 ➢ 薪酬管理强调标准化和连续性
收缩型战略	➢ 薪酬战略更注重成本的控制 ➢ 适合窄带薪酬和短期激励 ➢ 绩效和奖金以经营业绩和成本节约为导向 ➢ 注重核心员工的稳定性，有一定的收益分享和长期激励计划

2. 根据企业竞争战略制定薪酬战略

企业的竞争战略可以分为成本领先战略、差异化战略和重点集中战略三类。

成本领先战略的本质是一种低成本战略。它指的是企业在产品性质、用途、质量相近的情况下，使企业的成本能够低于竞争对手。采取成本领先战略的企业特别重视生产运营效率的提升和费用成本的控制。

差异化战略是企业通过强化产品或服务在品牌、设计、用途、质量等方面的差异化或独特性，与竞争对手形成差异化的竞争战略。采取差异化战略的企业特别重视产品或服务与竞争对手的不同，运营中强调创新意识、员工成长和团队意识。

重点集中战略是企业聚焦于某一特定的领域、地区或顾客群体，持续为他们提供特定的产品或服务，通过提高质量、效率等方式获得竞争优势的战略。采取重点集中战略的企业需要较强的生产、技术领先优势和持续研发能力，需要在这一领域内深挖用户需求。

企业竞争战略和薪酬战略的对应关系如表 3-8 所示。

表3-8 企业竞争战略和薪酬战略对应表

企业竞争战略	薪酬战略
成本领先战略	➢ 薪酬战略注重成本控制，关注竞争对手的人力成本变化及构成 ➢ 薪酬水平受成本和竞争对手影响 ➢ 浮动薪酬应与生产运营效率提升和成本降低关系密切 ➢ 薪酬管理通常可以采取集权型的方式
差异化战略	➢ 薪酬战略注重人才的吸引、培养、开发和保留 ➢ 薪酬水平可以考虑高于或等于市场水平或竞争对手 ➢ 浮动薪酬更注重生产运营中的创新和研发结果 ➢ 薪酬管理通常可以有一定的放权和灵活性
重点集中战略	➢ 薪酬战略注重专业技术人才的激励和保留 ➢ 核心人才的薪酬水平应当高于市场水平或竞争对手 ➢ 浮动薪酬更注重顾客评价和满意度 ➢ 薪酬管理需要有一定的放权和灵活性

3. 根据企业发展阶段制定薪酬战略

企业的发展可以分为初创期、成长期、成熟期和衰退期四个阶段，企业不同的发展阶段，对应着不同的薪酬战略，如表 3-9 所示。

表3-9 企业发展阶段与薪酬战略对应表

组织特征	企业发展阶段			
	初创期	成长期	成熟期	衰退期
人力资源管理重点	创新、吸引关键人才、刺激企业	招聘、培训	开发内部人才，保持员工团队奖励管理技巧	减员，控制人力成本
薪酬战略	重外轻内、提高弹性，注重个人激励	内外并重，结构灵活，个人与集体激励相结合	重公正、促合作，个人与集体激励相结合	奖励成本控制
固定工资	低于市场水平	相当于市场水平	高于、相当于市场水平	相当于、低于市场水平
短期激励方式	绩效激励	绩效激励、福利	利润分享、福利	—
长期激励方式	全面参与股权	有限参与股权	股票购买	—
奖金	高	高	相当于市场水平	视财务状况
福利	低	低	高于、相当于市场水平	视财务状况

1）初创期

处于初创期的企业的特点一般是规模较小，资金、人才、品牌、市场等都相对缺乏，对人才的吸引力较弱。在这个阶段，企业运营成本较高，往往资金呈净流出状态，有时甚至入不敷出，而且由于人才匮乏，产品和服务的质量也不稳定。

要想有效地吸引和留住人才，企业在这个阶段应采取如下薪酬战略：

第一，强调外部竞争性。初创期企业在用人上面临的最大矛盾是自身较低的人才吸引力与较高的人才需求之间的矛盾。在这个时期，如果要吸引关键人才或核心人才加入，只能通过创造较高的预期回报、提高自身在人才市场竞争力的方式，而对于非核心人才的吸引，则不需要具备外部竞争性，可以保持中位值水平。

第二，淡化内部公平性。创业初期的企业的组织机构、业务流程、职责分工往往不像成熟期的企业那样明确稳定，一人多岗、一岗多职、岗位交叉的现象非常普遍。吸引员工持续努力工作的，往往是干事创业的激情，是对长期收益的预期，而不是名誉地位或短期收益。不要过分强调内部薪酬之间的差距，对那些短期来看“你高点我低一点”的似乎有失公平性的问题，应尽量淡化。

第三，采用弹性薪酬结构。创业初期企业的总体薪酬应当设置为具有较大的弹性、较小的刚性的形式，将固定工资和福利的比例设置到较低水平，将绩效奖金或年终奖金的比例设置到较高水平。另外，考虑到初创企业的流动资金紧张，财务压力较大，可以选择用股权、未来的收益或职务等长期激励的形式代替当前的高薪，也可以将工资转换为弹性福利，在提高员工归属感的同时，进一步增强薪酬的弹性。

2）成长期

处在快速成长期的企业，一般市场份额迅速扩大，产品或服务需求猛增。企业扩张的同时也意味着人才的不断扩张，员工人数开始不断增加，员工对科学合理的薪酬体系的要求也越来越迫切。这意味着企业要构建一套系统的薪酬体系，保证员工产生准确的预期并形成一致性的行为。企业在这个阶段应采取如下薪酬战略：

第一，重视内部公平性。随着企业规模的不断扩大、组织机构的日趋稳定、内部流程的不断完善，企业的岗位职责日渐分明，逐步进入规范化管理的阶段。这时候的公司，对规范化的制度和机制的要求越来越高，需要建立以职位为基础的薪酬体系来保证内部的公平性。

第二，保持外部竞争性。在这个阶段，企业对高级人才的需求也越来越大，尤其是对技术研发、市场营销、财务管理等类型的人才需求大幅增加，更多优秀人才的加入，能够进一步推进公司快速、持续、健康发展。受外部人力资源市场的制约，企业要获取这些优秀人才，保持薪酬的外部竞争性则非常重要。

第三，保持薪酬结构的灵活性。相比于创业初期，这个阶段企业的资金流速加快，往往出现资金净流入的现象，企业的现金存量不断增加。这时候，企业已经有能力适当提高固定工资和福利的水平来增加企业薪酬水平的外部竞争性。同时，企业为了进一步加速发展、引导员工的行为、鼓励员工的贡献，绩效工资的占比也不宜设置过低。如果企业投资进一步扩大，现金存量不多，也可以用长期激励来吸引关键人才。

3）成熟期

到了成熟期，企业的规模、市场、产品和利润都达到了鼎盛的状态，企业的发展速度较缓。这个时候，企业最该考虑的是如何能够保持住现有的经营水平，并积极寻求新的发展和突破。这个时期如果安于现状，那么企业将可能从成熟走向衰落。只有积极地做出战略调整，企业才有进一步发展的可能。企业在这个阶段应采取如下的薪酬战略：

第一，更加重视内部公平性。成熟企业的管理、流程更加科学规范，员工在这类企业中就好像是一台大型机械上不断运转的齿轮，他们会更加关注自己得到的薪酬与内部同事相比是不是公平合理。此时，企业应根据岗位价值评价的结果设置更加规范的薪酬体系，避免因为内部的不公平而产生不和谐，造成企业这一机械中的齿轮运转不畅，影响企业运转的效率和稳定性。

第二，不再特别强调外部竞争性。这个时期的企业薪酬通常已经具备了一定的外部竞争性，企业的品牌和影响力也已经成为吸引人才的有效方式。企业发展至今，内部已经积累了大量的人力资源，企业对人才的获取可以由外部的劳动力市场转向内部的劳动力市场。人力资源管理的重心应转为发现、培养和开发内部人才，而不是靠高薪酬吸引外部人才。

第三，鼓励合作的薪酬结构。这个时期企业的资本收益率和资金状况基本处于稳定状态，如果没有大的投资项目，那么现金存量会保持逐渐增加。员工的固定工资和福利占比较高，绩效奖金的占比较低。这时企业面临的问题：一是如何设置长期激励，留住有能力的核心人才；二是如何强调组织效率，加强团队协作。所以，这时候的薪酬结构，一是要继续强化核心人员的长期激励，二是更应该重视团队薪酬奖励。

4）衰退期

衰退并不意味着走向灭亡，也可能是企业发展阶段中的一个低谷。在这个时期，企业市场萎缩、利润下降、财务状况恶化。这时候企业可以采取收缩战略，剥离亏损业务，控制成本，寻找新的增长点。企业在这个阶段应采取如下的薪酬战略：

第一，强调外部竞争性。虽然这个阶段难免会有裁员，但为了寻找未来的机会点，寻找并吸引待开发的新业务领域的优秀人才，企业需要保持外部薪酬的竞争性。同时，在这个时期优秀人才离职意愿较为强烈，如果没有外部竞争性，难以留住优秀人才。

第二，保持内部公平性。处在这个阶段的企业内部往往军心不稳，员工的负面情绪较大，如果无法继续保持内部公平性，必然进一步加剧员工的负面情绪，增加离职率。

第三，灵活的薪酬结构。在这个阶段，强调长期激励的意义并不大，固定工资可以相当于或低于市场水平。如果财务状况允许，为了继续发展，也为了留住核心人才和吸引外部人才，基于业绩改善情况企业可以设置较高的奖金和福利，如果衰退成为必然，没有新的增长点，财务状况较差的情况下，可以设置较低的奖金和福利。

（三）实施薪酬管理的环境保障

与许多管理工作一样，实务中要落实并做好薪酬管理，有了理论、方法和工具还是不够的，还需要有保证薪酬管理的环境支持，其中比较关键的有薪酬管理的角色分工以及薪酬管理者的能力素质。

1. 薪酬管理角色分工

与人力资源管理的其他模块一样，薪酬管理绝不是人力资源部一个部门的事。要做好薪酬管理，需要公司其他相关部门和岗位配合履行薪酬管理方面的职责。公司常见薪酬管理的组织机构如图 3-6 所示。

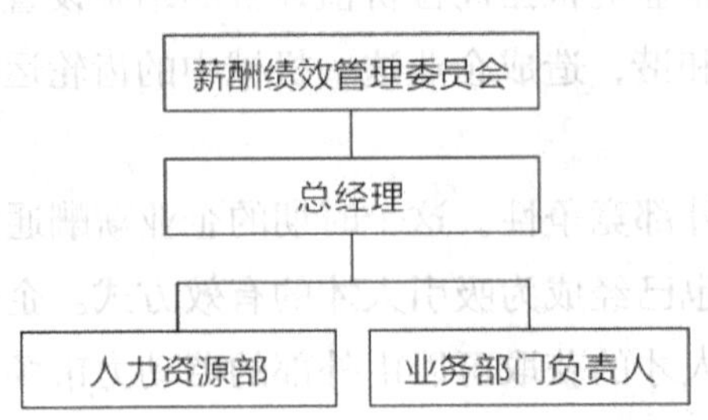

图3-6 薪酬管理的组织机构示意图

1）薪酬绩效管理委员会的权限和职责

薪酬绩效管理委员会是公司薪酬管理的最高机构，是董事会按照章程设立的专门工作机构。薪酬绩效管理委员会在薪酬管理方面的主要权限和职责通常包括以下几项：①制订董事和高级管理者的薪酬政策和考核方案；②负责对公司薪酬制度和政策的执行情况进行监督；③裁定某些特殊情况下的薪酬和绩效相关工作；④促进公司薪酬和绩效文化的形成；⑤具有对公司整体薪酬政策的审批、监督和修订权限；⑥董事会授权的其他薪酬管理相关事宜。

2）总经理的权限和职责

总经理是除董事之外薪酬政策的最终审批人。总经理在薪酬管理工作方面的主要权限和职责通常包括以下几项：①关注财务状况，从宏观角度把握和调控公司人力成本和费用情况；②负责确定公司薪酬管理政策的基本方向和原则；③负责公司薪酬管理制度及相关流程的最终审批；④负责薪酬调整方案、员工薪酬水平和具体薪酬的最终审批；⑤了解人力资源部进行薪酬管理的过程和方法；（6）监督薪酬管理的全过程，发现问题及时要求相关部门调整。

3）人力资源部的权限和职责

人力资源部是薪酬管理工作的主要实施部门。人力资源部在薪酬管理工作方面的主要权限和职责通常包括以下几项：①进行公司的岗位描述和岗位价值评估；②进行外部市场调研和内部薪酬满意度调研；③对薪酬调研结果、工资体系、人力成本等薪酬相关数据进行分析并提出改进方案；④制订薪酬制度、政策和薪酬调整方案，报总经理和薪酬绩效管理委员会审议；⑤监督、协助各部门完成绩效管理；⑥收集、汇总、分析各部门的考核结果，处理考核争议；⑦收集、归档考勤数据以及薪酬相关资料；⑧解答公司各级对薪酬相关问题的疑惑。

4）业务部门负责人的权限和职责

各业务部门负责人在薪酬管理工作中的主要权限和职责包括以下几项：①协助人力资源部进行岗位描述；②协助人力资源部进行岗位价值评估；③进行员工的日常岗位工作表现评估；④在公司的总体薪酬政策下，决定部门内部员工的具体薪酬调整幅度；⑤上报部门内不合理的薪酬情况。

2. 薪酬管理者的素质和能力

薪酬管理者的素质和能力，决定了公司薪酬管理工作的运行质量。因此，要有效开展薪酬管理工作，我们要重视对薪酬管理工作人员的选拔、培养和开发。薪酬管理者的素质和能力要求，至少包括以下几点，如表 3-10 所示。

表3-10 薪酬管理者的素质和能力要求表

能力	内容
敏锐的洞察力	➢ 薪酬管理者应适时地了解外部市场的经济环境，了解外部人力资源市场状况和趋势，掌握外部市场、行业和地区的薪酬福利状况 ➢ 要适时地掌握劳动法律法规及其变化 ➢ 要了解公司的战略重点和内外部业务情况 ➢ 要了解公司的组织机构以及业务分布情况 ➢ 要及时了解员工对薪酬的满意情况
薪酬管理能力	➢ 熟练掌握薪酬福利管理相关的方法、工具和流程 ➢ 能够对公司薪酬进行统筹规划，形成薪酬战略和薪酬策略 ➢ 能够进行薪酬体系和薪酬制度设计 ➢ 能够进行薪酬模式和薪酬结构设计 ➢ 在薪酬管理运行过程中能够持续改进和调整
数据分析能力	➢ 能够根据相关薪酬信息进行数据分析并提出改进建议 ➢ 能够编制人力成本和费用预算 ➢ 能够形成各类薪酬分析报表 ➢ 熟练使用相关的办公软件
信息获取能力	➢ 具备有效的人际关系网 ➢ 能够不借助外部机构开展市场调研 ➢ 保证信息资料的来源真实可靠
沟通能力	➢ 能够良好地处理工作关系和人际关系 ➢ 能够与公司各部门良好地开展工作 ➢ 能够与公司上下级部门建立良好的沟通并顺利完成工作
表达能力	➢ 具备良好的语言表达能力，能够准确完整地用口语表达工作 ➢ 具备良好的文字表达能力，能够独立撰写各类工作报告

二、构建企业科学薪酬体系

（一）构建基于能力的薪酬体系

1. 基于能力的薪酬体系的优缺点及适用的企业

基于能力的职级体系并不是抛弃岗位因素，而是在区分岗位族群的前提下再进行的能力职级划分。[①] 有些企业并不适合完全精细化的岗位评估，那么基于能力的职级评估就能解决这个问题，它既满足了 3P 薪酬理论的要求，也使得薪酬管理人员不必纠结于进行详细的岗位评估。

基于能力的薪酬体系适合的情形如表 3-11 所示。

表3-11 基于能力的薪酬体系的优缺点和适用企业

优点	缺点	适用企业
有对能力因素的充分考量，宽幅薪酬更利于组织的扁平化，员工的发展通道更通畅，员工不必纠结于稀缺的管理岗位此一条发展之路；鼓励专业的不断提升；灵活性强，对组织结构和岗位的稳定依赖性不强；便于管理和维护	岗位评估始终比较粗线条，对于具体每个岗位的职责和分工的合理性没有进行系统评估，因此可能出现不同部门的岗位设计合理性存在参差不齐的情况，且难以诊断和处理。另外，与外部岗位对标，并分析岗位薪酬的竞争力等时有一定困难	行业发展变化快，行业的业务模式还在摸索期、成长期而非成熟期，工作内容难以标准化切割，需要通力合作、灵活调整的企业

2. 构建能力型薪酬体系的具体操作步骤

我们以实例来说明能力型薪酬体系的构建步骤。

【例 3-1】A 公司是位于北京的一家高科技产品制造企业，成立于 2010 年，公司主要为某全球畅销手机公司提供代工生产，年产值约 10 亿元，员工人数约 1000 人。受近年电子消费品热的影响，公司近 3 年的业务收入都以 25% 的比例快速增长。

公司由现任 CEO 一手创办，强调团结的精神，过去基本很少发生过强制辞退的情况。公司一直将工作重点放在发展业务上，也没有特别完整的级别体系，员工的工资主要和进入公司时间关联度比较大。近年来人才竞争激烈，薪酬不断上涨，A 公司的研发等一些重要部门的核心员工流失情况较为严重，反而一些进入公司时间比较长的员工流动率较低。

A 公司年初请 Y 公司梳理了公司的组织结构及职位体系，以 Y 公司的职级体系工具为基础，搭建了 A 公司的职级管理体系。

薪酬管理者应首先梳理 A 公司情况，对主要面临的问题进行分析，分析过程如下。

① 王少东等：《企业人力资源管理》，清华大学出版社 2012 年版，第 160 页。

1）背景解读（表 3-12）

表3-12 A公司运营发展情况的分析与解读

分类	问题	解读
岗位职级体系	没有特别完整的级别体系	容易引起内部不公平、人才流失等现象
薪酬结构	员工的工资主要和入公司时间关联度比较大	以工龄为依据加薪，而不是绩效，制约公司发展
	以人定薪	容易带来内部公平性问题，应建立岗位级别机制，以岗定薪
	绩效表现不与激励挂钩，激励性不够，实效性也不足	薪酬没有和绩效挂钩
	年终的分红由老板来决定，不是由绩效表现来决定	年终奖金应与绩效挂钩
	薪酬结构非常不合理，浮动部分非常少	增加浮动部分，赏罚分明
	一些重要部门的核心员工流失情况较为严重	关键岗位、关键人才没有薪酬差异性
工资水平	薪资偏低，而且低了不少	薪酬对外没有竞争力
	新员工的薪酬普遍都高于老员工	内部公平性存在问题
公司发展状况	公司近三年的业务收入都以25%的比例快速增长	公司发展前景好，可增加一定的薪酬成本
	高科技产品制造企业	制造业特点，决定了不可能接受高人力成本

2）人员结构分析

45% 的人群属于低端岗位，50% 的岗位属于中端岗位。约不到 5% 的人员 PC 在 50 级以上，且最高仅到 58 级（表 3-13）。

表3-13 人员结构分析

PC（职级）	人数	比例	比例
40	9	0.99%	45%
41	227	24.92%	
42	171	18.77%	
43	220	24.15%	51%
44	14	1.54%	
45	39	4.28%	
46	130	14.27%	
47	17	1.87%	
48	23	2.52%	
49	28	3.07%	

50	7	0.77%	4%
51	6	0.66%	
52	2	0.22%	
53	6	0.66%	
54	6	0.66%	
56	1	0.11%	
57	4	0.44%	
58	1	0.11%	
总计	911	100.00%	100%

3）外部竞争力的问题分析

计算现有人员的薪酬百分位，和市场数据进行对比，我们可以发现，A 公司 56% 的员工薪酬水平低于市场 P25，市场竞争力弱（表 3-14 和图 3-7）。

表3-14　公司数据与市场数据对比

PC	市场现金总收入		公司现金总收入		对比
	P25	P50	P25	P50	
40	12 745	15 929	12 851	14 503	公司P50<市场P50
41	15374	19 246	14 400	14 675	公司P50<市场P25
42	18 546	23 254	14 818	17 927	公司P50<市场P25
43	22 374	28 096	17 590	20 710	公司P50<市场P25
44	26 992	33 947	27 719	32 307	公司P50<市场P50
45	32 565	41 016	24 380	27 980	公司P50<市场P25
46	39 289	49 557	22 120	30 869	公司P50<市场P25
47	47 403	59 876	40 800	48 948	公司P50<市场P50
48	57195	72 344	41 551	53 130	公司P50<市场P25
49	69 012	87 409	43 470	59 037	公司P50<市场P25
50	832 721	05 610	63 200	67 050	公司P50<市场P25
51	100 482	127 601	85 150	119 930	公司P50<市场P50
52	121 251	154 172	120 780	171 120	公司P50>市场P50
53	146 317	186 276	133 000	144 800	公司P50<市场P25
54	176 569	225 065	144 040	190 120	公司P50<市场P50
55	213 080	271 931	——	——	
56	257 146	328 556	214 800	214 800	公司P50<市场P25
57	310 332	396 973	355 450	43 400	公司P50<市场P50
58	374 527	479 636	511 800	511 800	公司P50>市场P50

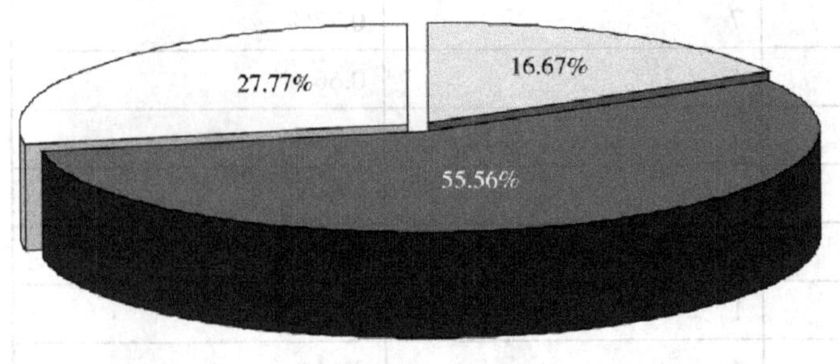

图3-7 公司与市场薪酬水平比较饼图

4）内部公平性问题分析

有 50% 的职级等级存在本职级的薪酬最大值高于更高一个职级等级薪酬最大值的情况，即高级别岗位比低级别岗位薪资低的情况，薪酬存在严重“倒挂”，内部具有不公平性（表 3-15 和图 3-8）。

表3-15 内部公平性相关数据统计

PC	最大值项：年现金收入	是否高于下一个PC最大值
40	20 015	不高于
41	40 305	高于
42	35 553	不高于
43	52 120	不高于
44	91 158	高于
45	77 300	不高于
46	85 520	不高于
47	221 600	高于
48	197 600	不高于
49	226 472	高于
50	187 800	高于
51	182 800	不高于
52	271 800	高于
53	187 878	不高于
53	313 800	高于
56	214 800	不高于
57	517 200	高于
58	511 800	高于

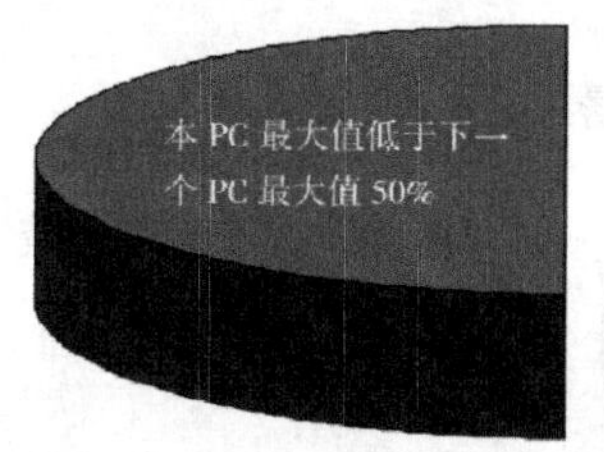

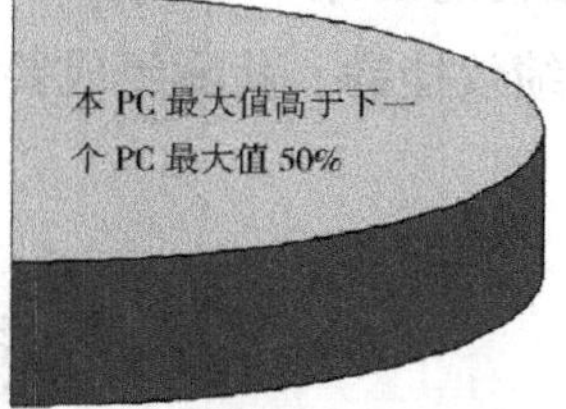

图3-8 本PC最大值与下一个PC最大值比较

5）建议的薪酬策略

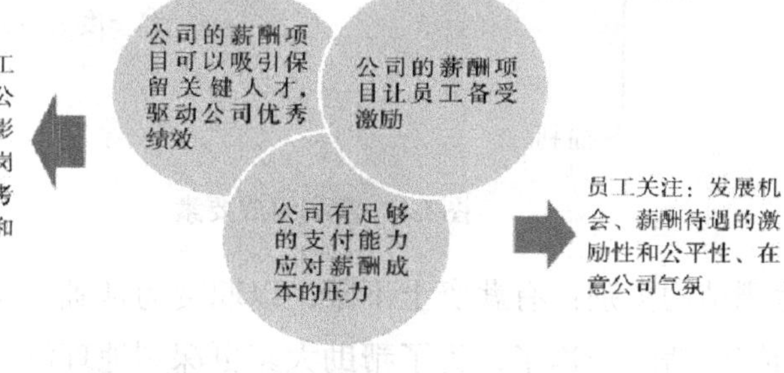

图3-9 薪酬战略的决定因素分析

所以，针对定薪提出以下建议：①薪酬应具有一定的市场竞争力；②建立职级体系，以职级定薪；③保证关键岗位薪酬结构的差异性；④薪酬与绩效挂钩，增加浮动薪酬部分。

6）确定市场定位

薪酬管理者应从图 3-10 所示的因素考虑。

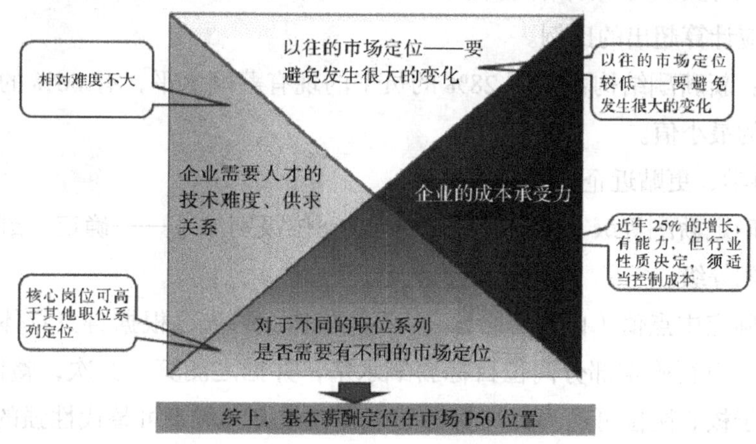

图3-10 确定市场定位应考虑的因素

7）完成公司薪酬结构的设计

加强浮动工资，与绩效挂钩。薪酬组成要素如图 3-11 所示。

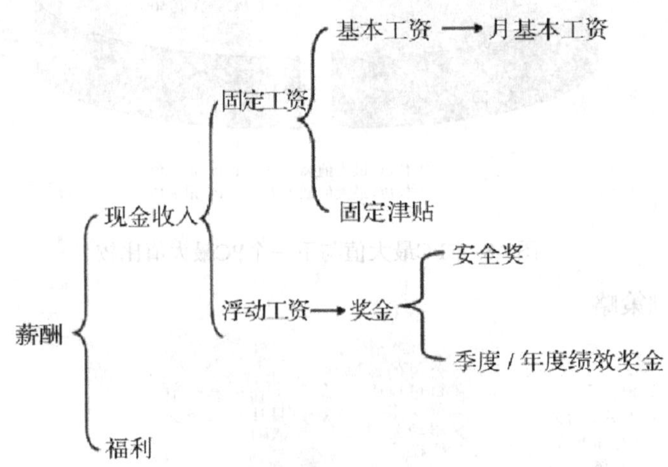

图3-11 薪酬组成要素

选择宽级式薪酬结构类别：有薪资上下限，以职责为基础，反映经验及绩效的差异。至此，我们可以开始搭建薪酬架构了，为了帮助大家更深刻地理解薪酬搭建的方法，这里研究两种搭建薪酬架构的方法。

（1）比较简单的做法

第一步，确定薪酬等级。建立岗位级别体系——确定薪酬等级，直接以岗位级别作为薪酬等级。

第二步，确定中点值。直接选择市场 P50 作为内部薪酬结构的中点值。

第三步，确定带宽。中位值上下 20% 浮动，确定每个薪酬等级对应的薪酬区间，绘制出薪带图。

第四步，新薪酬结构对现有员工薪酬状况的覆盖程度。

验证：看现有员工的薪酬落到新薪酬结构中的位置，是否超出薪酬区间范围。超出薪酬区间范围的，应计算超出的比例。

验证发现：新薪酬结构覆盖了 28% 的员工的现有薪酬水平，有 66% 的员工现有薪酬低于新薪酬结构的最小值。

（2）更科学、更贴近企业状况的做法

第一步，确定薪酬等级（同方案一），建立岗位级别体系——确定薪酬等级。直接以岗位级别作为薪酬等级。

第二步，确定中点值（内外结合法）。具体操作：首先，根据自身具体情况，适当参考外部市场水平，自行确定部分岗位目标薪酬水平，并据之测算。其次，整体按照市场 50 分位定薪，但对于核心岗位可适当提高对标的市场百分位。对于可替代性强的低端岗位，薪酬水平可低于市场 P50。

结合外部数据和内部薪酬水平，确定各基准岗位需要对标的市场水平，使薪酬定位更切合企业实际（图 3-12）。

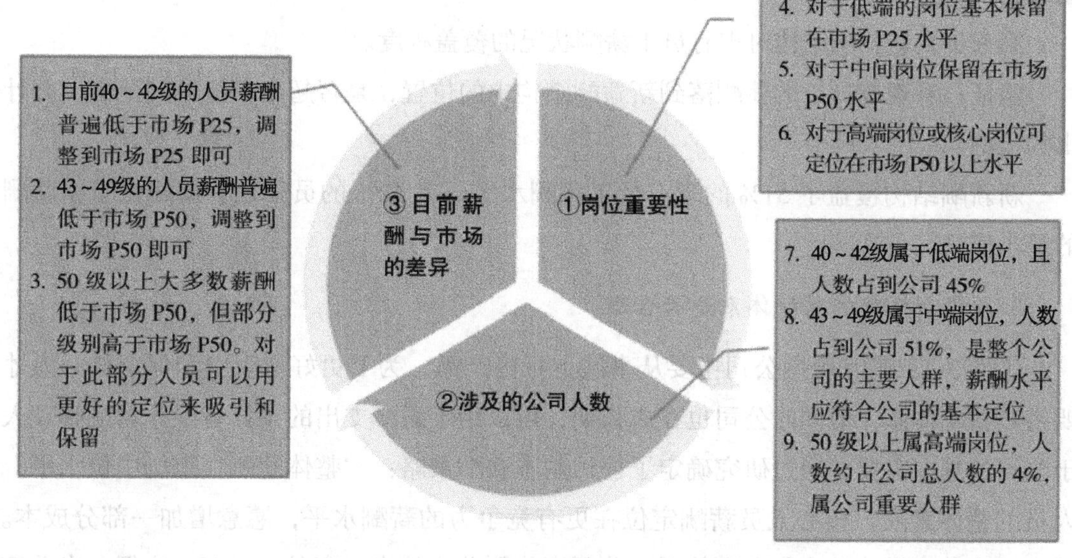

图3-12 使薪酬定位更切合于企业实际

第三步，将各职等确定的市场行情做回归分析，以建立各职等薪酬中位值。

选择回归方程：指数函数 Y=a*e^（b*x）。

选择指数函数的原因：指数函数能够使用最小平方法计算最适合于观测数据组的回归曲线，并对未来之分布进行趋势预测。它对薪资的解释能力最强。

使用指数函数对样本做回归分析后，得到的判定系数 R^2=0.998 034，说明该函数是对样本拟合最好的函数。

最后得到公司内 P50 回归薪酬曲线，如图 3-13 所示。

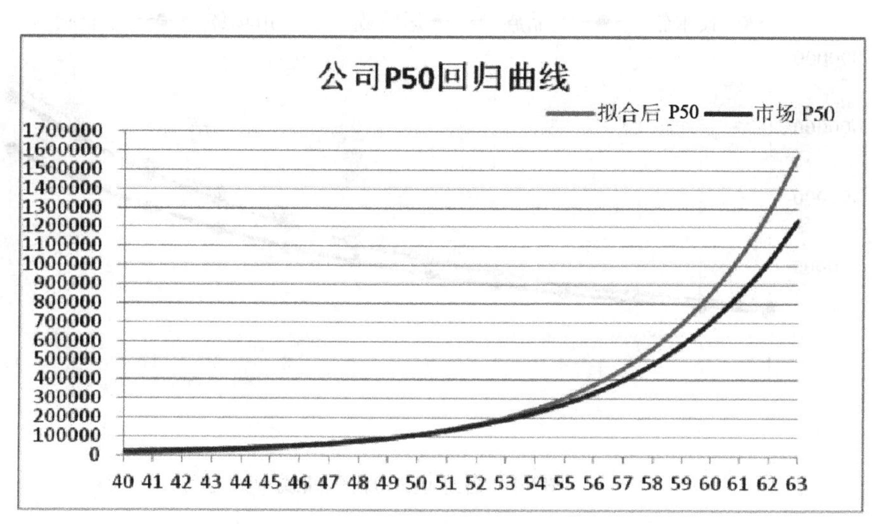

图3-13 公司P50回归曲线

第四步，确定带宽。中位值上下 20% 浮动，确定每个薪酬等级对应的薪酬区间，并绘制出薪带图。

第五步：新薪酬结构对现有员工薪酬状况的覆盖程度。

验证：看现有员工的薪酬落到新薪酬结构中的位置，是否超出薪酬区间范围，并计算超出的比例。

新薪酬结构覆盖了 51% 的现有员工薪酬水平，有 42% 的员工现有薪酬低于新薪酬结构的最小值。

3. 验证新搭建的薪酬体系是否合理

【例 3-2】某互联网公司主要从事线上社区产品，为了更好地吸引和保留核心人才，需要搭建薪酬体系，但同时公司也在成长期，可以用于薪酬支出的预算有限。薪酬管理人员基于公司的基本需要，通过研究确定了公司基本薪酬策略："整体薪酬在市场中位水平，保证人员的整体素质，核心人员薪酬定位在更有竞争力的薪酬水平，愿意增加一部分成本。"并基于上述方法搭建了宽带薪酬体系，公司岗位划分为技术、产品、运营、市场、专业五大族群，其中技术、产品定义为公司核心类族群。搭建薪酬体系后，对现有人员总体覆盖率为 76%，其中 50% 在 P50 以下，即说明薪酬体系有足够的适用空间，进一步从其他侧面验证了薪酬体系的适用情况。

（1）看各薪酬通道中位值薪酬区间之间的差异性（图 3-14）。

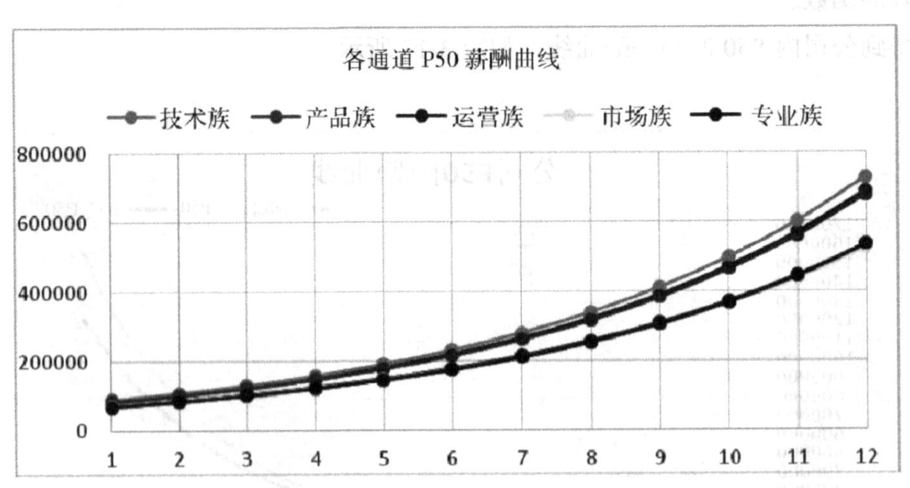

图3-14 各通道P50薪酬曲线

通过以上曲线分析，可以看到各族群间薪酬差异和贡献价值大小的关系。

（2）看各族群的各薪酬通道跨职级 P50 薪酬的增长率情况（表 3-16）。

表3-16 各族群的各薪酬通道跨职级P50薪酬的增长率情况

职级	技术族	产品族	运营族	市场族	专业族
1	—	—	—	—	—
2	25.0%	25.0%	22.0%	22.0%	22.5%
3	25.0%	25.0%	22.0%	22.0%	22.5%
4	25.0%	25.0%	22.0%	22.0%	22.5%
5	25.0%	25.0%	22.0%	22.0%	22.5%
6	25.0%	25.0%	22.0%	22.0%	22.5%
7	25.0%	25.0%	22.0%	22.0%	22.5%
8	25.0%	25.0%	22.0%	22.0%	22.5%
9	25.0%	25.0%	22.0%	22.0%	22.5%
10	25.0%	25.0%	22.0%	22.0%	22.5%
11	25.0%	25.0%	22.0%	22.0%	22.5%
12	25.0%	25.0%	22.0%	22.0%	22.5%

通过对以上表格的分析，我们可以看到各薪酬通道跨职级P50薪酬的增长率，核心类(技术、产品）为25%，非核心类为22%，符合各族群价值大小差异。

（3）看各族群的年薪中位值和外部市场薪酬数据的对标位置（表3-17）。

表3-17 各族群的年薪中位值

职级	技术族	产品族	运营族	市场族	专业族
初级	P25 ~ P50	P25 ~ P50	P50 ~ P75	P25 ~ P50	P25 ~ P50
中级	P50 ~ P75	P50 ~ P75	P75 ~ P90	P50 ~ P75	P50 ~ P75
高级	P50 ~ P75	P50 ~ P75	P75 ~ P90	P50 ~ P75	P50 ~ P75
专家	P75 ~ P90	P75 ~ P90	P75 ~ P90	P50 ~ P75	P50 ~ P75

从上表可以看出年薪P50和市场薪酬数据的对标情况，该公司初级职级基本在P25 ~ P50，中级职级在P50 ~ P75，高级和专家在P75 ~ P90，也基本符合薪酬策略定位。

（二）构建基于岗位的薪酬体系

1. 基于岗位的薪酬体系的优缺点及适合的企业

基于岗位的薪酬体系所遵循的理念就是以岗定薪，岗位越高越应该得到更高的薪酬，或者说认为越高的岗位为企业创造的价值越大，在这个岗位的人得到的回报就应越大。

基于岗位的薪酬体系适用的企业（表 3-18）。

表3-18 基于岗位的薪酬体系的优缺点和适用的企业

优点	缺点	适用的企业
进行细致的岗位评估，是对岗位价值体现最细腻的做法；利于与外部对标薪酬，薪酬调研匹配结果准确度更高	对岗位说明书要求较高，如果有岗位变化或分解，需要不断梳理更新，管理成本高；相对更强调岗位之间的差异，而不太强调人与人的能力差异，不强调同一个岗位上人与人之间的差异	岗位明确清晰的企业或大多数岗位同质性强的企业；业务模式相对成熟稳定，不易做变更的企业

2. 搭建岗位型薪酬体系的具体操作步骤

1）背景解读

对企业的内外部情况和战略等进行分析。这点与上述基于能力的薪酬体系搭建的开始步骤相同。

2）岗位分类与分级列等

先对岗位进行横向的职系分类；之后，根据评价结果按照一定的分数段进行纵向的岗位分级；最后考虑不同岗位级别的重叠幅度。分级时应当考虑两个平衡：不同职系间岗位的平衡和同类职系岗位的平衡。不同职系和级别的岗位薪酬水平应当不同（表 3-19）。

表3-19 岗位分类与分级列等

职级	市场部	生产部	研发部	财务部
10	市场部总经理	—	—	—
9	—	生产部总经理	—	财务部总经理
8	—	—	研发部总经理	—
7	广告宣传处经理	—	—	—
6	—	采购处经理	—	财务管理处经理
5	—	—	测试处经理	—
4	高级营销策划	区域采购	—	—
3	—	—	—	财务分析

3）设定薪酬水平

根据上一步的岗位分级列等的结果，对不同级别的岗位设定薪酬水平。薪酬水平的设定要考虑企业薪酬策略和外部薪酬水平，以保证企业薪酬的外部竞争性和公平性、保障企业薪酬的吸引力、控制企业重点岗位员工的流失。

4）确定薪酬结构

以设定的岗位薪酬水平为该岗位的薪酬总额，根据不同职系岗位性质确定薪酬结构构成，包括确定固定部分与绩效浮动部分比例以及工龄工资各种补贴等其他工资构成部分。一般来讲，级别越高的浮动部分比例越大，岗位对工作结果影响越大的岗位浮动比例越大（图3-15）。

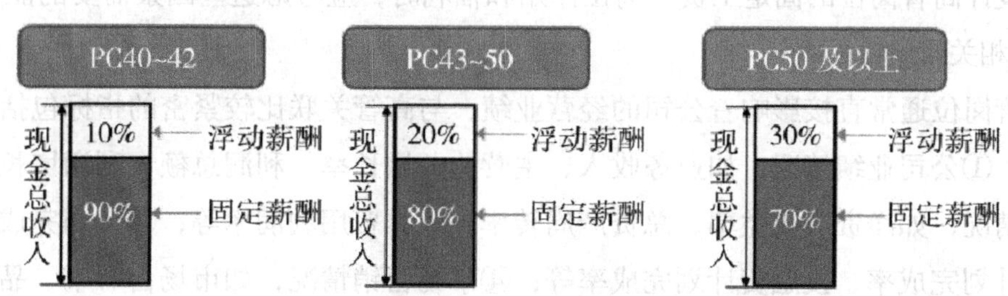

图3-15 根据不同职系岗位性质确定薪酬结构构成

5）进行薪酬测算

基于各个岗位确定的薪酬水平和各岗位上员工的人数，对薪酬总额进行测算；针对岗位某些员工的薪酬总额和增减水平进行测算，做到既兼顾公平又不能出现较大幅度的偏差。

6）针对薪酬定级与调整等做出规定

从制度上规定员工工资开始入级和今后岗位调整规则。薪酬调整包括企业总体自然调整、岗位变动调整和绩效调整。在岗位绩效薪酬中应该对个人薪酬调整和绩效考评的关系做出规定。此外，还要对薪酬发放的时间、发放形式做出适合企业情况的规定。

三、典型岗位人员的薪酬设计

（一）高管岗位薪酬设计

高级管理者（简称高管）通常指的是企业中的决策层，他们拥有较高的管理权限和较大的责任，这类岗位通常包括总经理（CEO/总裁）、常务副总经理、分管某个模块的副总经理、子公司总经理等。

1. 高管岗位薪酬设计要点

企业之间的竞争不仅是产品、营销、金钱、设备等领域的竞争，也是高级管理人才资源之间的竞争。如果把企业比作一艘行驶在海上的战舰，高级管理者就好像是这艘战舰的领航人和引路人，带领着整艘船的人躲开暗礁、避开冰山、穿过风浪，驶向一个又一个目标港湾。

在一个企业中，如果高管得不到相应的激励，没有基本的获得感和满足感，那么我们很难期待他们能够带领企业健康发展。所以，一个企业最关键、最重要的薪酬设计环节就是高管的薪酬设计。

1）职责特点

高管岗位的共同职责特点通常包括但不限于如下几点：①制定并实施公司的总体战略；

②制订公司的年度发展计划并保证其得到实施；③为公司的日常管理和各项经营管理工作做出重大决策；④负责处理公司重大突发事件，建立良好的沟通渠道；⑤建立健全、统一、高效的组织体系和工作体系。

在设计高管岗位的固定工资、岗位津贴和福利时，应考虑这些因素需要的能力价值。

2）相关影响

高管岗位通常直接影响着公司的经营业绩，与高管关联比较紧密的指标包括但不限于以下几点：①公司业绩情况，如业务收入、主营业务增长率、利润总额、利润增长率等；②经营效率情况，如净资产收益率、总资产周转率、成本费用利润率等；③计划完成情况，如年度战略计划完成率、投融资计划完成率等；④市场营销情况，如市场占有率、品牌市场价值增长率、新业务拓展完成率等；⑤顾客满意情况，如顾客满意度、顾客忠诚度、新顾客增长率等；⑥内部员工情况，如员工满意度、员工敬业度等。①

在设计高管岗位的激励工资时，应充分考虑这些因素的变化对浮动工资的影响。

2. 高管岗位薪酬设计策略

高管存在的重要作用是有利于企业的存续和长期稳定发展，因此对高管的物质激励应更偏向于长期激励而非短期激励或固定收益。有的公司过分重视经营业绩，给高管设置的薪酬结构中，与经营业绩直接相关的绩效工资占比很高。这样做容易导致高管们“杀鸡取卵”，为了高额的回报只追求短期的经营结果，不考虑企业的长远发展。

高管人员的薪酬结构通常包括固定工资、各类津贴和福利、月度 / 季度年度绩效工资（短期激励）和股权 / 分红（长期激励）。各部分的占比情况如表 3-20 所示。

表3-20　高管人员薪酬结构比例参考

固定工资	各类津贴或福利	短期激励	长期激励
10%～20%	10%～20%	20%～40%	30%～60%

与业绩直接相关的绩效工资设置时需要谨慎。适合激励销售人员的方法并不适合用来激励高管。相反地，正因为给销售人员的定位和设计是更重视短期的经营业绩，才更需要有一部分管理者与之形成管理上的制衡。

通常而言，除了本身就是销售型的公司，不建议对高管设置月度和季度绩效工资。最安全的做法是高管直接实行年薪制，绩效工资按年度发放。

高管的工资不是“一成不变”的，同样可以和其他岗位一样设置多级工资。当高管人员达到一定的能力、职级或年限等条件后，固定工资相应提升。

一般情况下，高管的津贴偏向于住房、交通、保险、健康等花费较大或保障性较强的领域，津贴的金额标准通常比普通岗位更高。当给高管设置一个其他岗位都不具备的津贴时，往往会使高管的心理满足感更高。

①葛玉辉：《人力资源管理》，清华大学出版社 2012 年版，第 445 页。

（二）销售推广岗位薪酬设计

销售推广岗位包括公司的销售经理、销售主管、销售业务员、地推人员等负责终端产品的推广与销售、与客户直接接触或接触较紧密的人员。

1. 销售推广岗位薪酬设计要点

销售端是组织最直接的业绩来源，销售队伍对于一个企业来说就好比是一台挖掘机的“爪子”，“爪子”越大、越结实，一次能挖起来的东西就越多。因此，在设计销售推广岗位的薪酬时，需要重点考虑薪酬的激励性和保障性。

1）职责特点

销售推广岗位的职责特点通常包括但不限于以下几点：

第一，销售规划。例如：制定战略性大客户的开发策略及维护；根据公司战略规划、发展需要和目标，制订年度市场规划和市场拓展计划，并进行公司年度市场和拓展计划的分解、实施、跟踪分析；采取有效的销售策略，并完成销售目标。

第二，销售管理。例如：制定销售相关的流程、制度等政策性、规范化管理文件；统筹公司及事业部各销售业务和开发单元。

第三，客户维护和管理。例如：项目跟踪、客情跟进和维护；战略性的大客户和重要客户的相关来访接待工作；将顾客在质量、技术等方面反馈的信息及时传递到相关部门，及时有效地解决客户方面的问题；做好客户台账和客户信息的管理工作，保证客户台账和客户信息的真实、完整。

第四，保证回款。例如：销售货款的及时回收和催收；完善销售回款业务循环的业务流程及风险的识别和防控。

在设计销售推广岗位的固定工资、岗位津贴和福利时，应考虑这些因素需要的能力价值。

2）相关影响

销售推广岗位通常直接影响着公司的经营业绩，与这类岗位关联比较紧密的指标包括但不限于以下几点：①销售收入情况；②销售费用情况；③销售回款情况；④客户开发情况；⑤客户维护情况；⑥计划完成情况。

在设计销售推广岗位的激励工资时，应充分考虑这些因素的变化对浮动工资的影响。

2. 销售推广岗位薪酬结构设计

销售人员的薪酬组成，通常包括以下要素：

1）固定工资

销售人员的固定工资也可以叫作“底薪”。销售底薪通常分为三种类型。

第一，“无责任底薪”或“无业务底薪”，这种底薪是每月的固定数字，与销售人员的业务完成情况无关，只与出勤有关。

第二，“有责任底薪”或“有业务底薪”，这种底薪是随着销售人员的业务完成情况而呈一定比例变化的，计算时同样需要兼顾出勤情况。

第三，“混合制底薪”，这种底薪模式是前两种的结合，通常是把底薪分成了两部分，一部分为“无责任底薪”，另一部分为“有责任底薪”。

2）岗位津贴

销售岗位的特殊性决定了销售人员可能经常会有出差、加班等需求，有的甚至长期驻外，作息的时间、耗费的精力和付出的情感通常与“朝九晚五”的8小时岗位不相同。除了必要时产生的加班费，销售岗位通常会设置一定的差旅津贴、交通津贴、探亲津贴、餐费津贴等各类具备一定补贴性质的岗位津贴。

3）销售提成

一般人认为，销售提成应是销售人员薪酬结构中占比最大的部分，但也不可一概而论。选择“低提成”（提成工资在销售人员的整个工资结构中占比较低）模式还是“高提成”（提成工资在销售人员的整个工资结构中占比较高）模式，需要根据行业、企业、市场、品牌、产品特性、管理体制、客户群体等的不同而有所不同，划分方法如表3-21所示。

表3-21 销售提成类型选择参考

提成类型	企业发展阶段	企业规模	品牌知名度	管理体制	客户群体
低提成	成熟期	较大	较高	成熟	稳定
高提成	成长期	较小	较低	薄弱	不稳

“低提成”模式的优势是能够稳固和维持企业现有的客户和市场，保持企业的外部稳定，有利于企业平稳发展；“高提成”模式的优势是能够激励销售人员市场开发和扩大销售的积极性，有利于企业开拓新业务、快速占领市场。

一般的销售提成计算公式如下：

销售提成＝提成基数 × 提成比例－各类扣项。

提成比例可以根据公司所处的行业、公司业务情况、产品的特性以及竞争对手的薪酬水平计算而来，而销售提成基数的确定最常见的方式有以下三种：

第一，按照公司销售合同的实际回款金额计算。这种方式的好处是能够有效避免销售人员一味地追求销售合同金额、发货量或成交量的持续增长，忽略实际到账金额，而造成公司产生大量呆账、坏账等现金流风险。

第二，直接根据销售合同、发货量或成交量的金额提成，这种方式并不是完全不可取。比如公司最新推出一款新产品，希望快速推广应用时，或公司最新发展了一项新业务，正处在初期阶段，缺乏经验和成熟度，希望快速得到市场的认可和应用时，这种提成方式就相对比较有效。

第三，将提成分成两部分，一部分按照销售合同、发货量或成交量的金额提成，另一部分按照实际回款的金额计算。这种方式的好处是既考虑了新产品或新业务的拓展，又考虑了公司现金流的风险。

一般来说，销售提成基数的选择可参考表3-22。

表3-22 销售提成基数选择参考

提成基数	公司战略	公司发展阶段	公司经营风险
按实际回款金额提成	稳定经营 降低财务风险 持续的现金流	成熟期	较小
按合同额提成	迅速推广应用 快速抢占市场	成长期	较大
按回款额和合同额相结合提成	保障当前的现金流 创造未来的现金流	成长期	中等

（三）客户服务岗位薪酬设计

客户服务岗位一般包括担任客户接待、客户投诉受理、客户关系维护等相关职责的岗位。

不同行业对客户服务岗位的定位差异较大。有的行业公司中客户服务岗位的定位是偏销售推广，这种情况可以参考销售推广岗位薪酬设计的介绍。如果是通用的客户服务定位，可以参考本部分内容。

1. 客户服务岗位薪酬设计要点

与销售推广岗位类似，客户服务岗位也是直接面对终端用户的岗位。客户服务岗位的工作质量，直接影响着公司客户的良好维护或流失。

1）职责特点

客户服务岗位的职责特点通常包括但不限于以下几点：

第一，售前支持。如接受顾客咨询，向客户介绍产品，向客户提供完整准确的方案信息，解答客户问题，引导并说服客户达成交易。

第二，售中跟踪。如客户订单生产、发货、物流状态跟进，回答客户商品交付过程中的各项问题。

第三，售后服务。如及时妥善处理客户反馈的问题及投诉，及时为客户退换货，及时记录客户的意见并整理汇报。

第四，流程改进。如协助公司开展客服相关知识管理，从客户服务角度对公司流程提出改进建议。

在设计客户服务岗位的固定工资、岗位津贴和福利时，应考虑这些因素需要的能力价值。

2）相关影响

与客户服务岗位关联比较紧密的指标包括但不限于以下几点：

第一，客户服务情况。如客户意见处理及时率、客户意见反馈及时率、客户投诉解决满意度、客户回访率、大客户走访次数、大客户流失率等。

第二，费用控制情况。如客服经费使用情况、客服费用控制等。

第三，客户反馈情况。如外部客户满意度、内部客户满意度等。

在设计客户服务岗位的激励工资时，应充分考虑这些因素的变化对浮动工资的影响。

2. 客户服务岗位薪酬设计思路

客户服务职能是在营销职能发挥后的下一步，客服人员的职责通常包括定期回访客户、解决客户投诉、管理客户信息、管理落单的客户，通过良好而持续的客户服务和不断跟进，促进客户再次成交。

客服人员需要具备一定专业素养，客户服务做得比较优质到位的企业，不仅客户的流失率会比竞争对手低，而且会通过客户间口口相传的口碑效应，为自己增加更多的客户。所以，客服人员不仅要实现保留客户的作用，而且要具备一定的客户开发能力。

客服人员的薪酬组成，通常可以包括以下几点：

第一，固定工资，根据组织的规模、任职能力的不同，可以分成三到七个等级。

第二，岗位津贴，可以有保密费、出差补贴等常规津贴，由于客服岗位的特殊性，有时需要接待大量的顾客投诉，有的企业每月甚至可以增加部分“委屈费”。

第三，绩效工资，每月 / 季度 / 年，根据绩效考核结果，发放与绩效对应的工资。

第四，销售提成，客服岗位也能够产生销售，也能够为公司带来直接的业绩和收益，增加销售提成可以增强客户的再次成交和客户的转化力度。

客服人员的首要职责是客户服务，而不是营销，同时也应防止客服人员内部为了销售提成业绩而相互竞争。因此，客服人员薪酬设计时要体现客户服务的核心，团结一心、相互配合的导向，以及业绩转化的结果。基于此，客服人员的整体薪酬结构比例参考表 3-23。

表3-23 客服人员薪酬结构比例参考

固定工资	各类津贴或福利	绩效工资	销售提成
40% ~ 60%	5% ~ 20%	20% ~ 30%	10%左右

需要注意的是，客服人员的销售提成的比例通常比销售人员要低，一般可以是销售人员提成比例的 20% ~ 50%，且客服人员一般不应按照个人的销售业绩提成，而是按照部门整体的提成比例计算后，在部门内部分配。

客服人员销售提成的分配比例一般为：部门可分配业绩提成的 10% ~ 20% 分配给客服部门管理者；60% ~ 70% 分配给其他客服人员；余下的 10% ~ 30% 对绩效相对较高或业务量相对较大的客服人员给予合理的奖励分配。

第四章　企业高绩效人力资源管理对员工的影响

20 世纪 80 年代以来，随着技术进步的加快和全球范围市场竞争更趋激烈，人力资本的战略价值日益凸显。基于科学管理实践的思考，同时受到日本管理模式的启示，最早是美国产业关系和人力资源学界在研究企业（特别是制造业企业）工作场所组织模式的过程中，开始探讨如何构建有效的人力资源管理模式，从而促进企业人力资源的最佳配置，高绩效人力资源管理的研究应运而生。西方学者提出，企业员工并不是科学管理理念下具有完全可替代性的商品，而是推动企业发展的重要力量，为了使企业拥有长期的核心竞争力，必须从战略高度构建人力资源管理系统，高绩效人力资源管理便成为战略人力资源管理的一个重要方向。因此，本章就企业高绩效人力资源管理的构成维度、企业高绩效人力资源实践的研究模型、企业高绩效人力资源管理对员工态度及行为的影响三个方面的内容进行了深入研究。

第一节　企业高绩效人力资源管理的构成维度

现有文献有关高绩效人力资源管理的构成维度及具体实践内容并未达成一致（王林等，2011；Collins et al，2006；Datta et al，2005；Delaney et al，1996）。Becker et al（1996）回顾了 20 世纪 90 年代中期美国高绩效人力资源管理主要的研究文献，发现在高绩效人力资源管理应该包括哪些人力资源管理实践的问题上，不同学者得出明显不同的结论。如有学者认为内部晋升是一种高绩效人力资源管理实践，但也有学者认为内部晋升不是一种高绩效人力资源管理实践。

企业实践中，人力资源管理呈现不同特色，形成了不同的人力资源管理类型。研究把人力资源管理系统划分为“承诺型”和“控制型”两大类型，所谓“承诺型”人力资源管理系统，是指通过目标一致化的管理来塑造员工的积极态度和行为，以提高员工的组织承诺，从而提升组织绩效；“控制型”人力资源管理系统则指组织通过绩效考核等制度规则措施来控制员工，以降低直接成本或提高员工效率，最终提升企业的绩效。实证研究发现，相对于“控制型”人力资源实践，“承诺型”人力资源实践对员工行为及组织绩效会带来更积极的影响。

企业人力资源管理实践通过三个方面影响员工进而影响企业的绩效。一是提高雇员的知识、技能和能力；二是激励员工运用他们的知识、技能和能力，为公司的利益努力工作；三是对员工进行合理的授权。Appelbaum et al（2000）进一步发展了这一观点，提出人力资源管理系统的 AMO 模型（能力 - 动机 - 机会模型）。该模型认为，人力资源管理系统通过提高员工履职的能力（ability）、动机（motivation）和机会（opportunity）三个维度的实践组合来影响组织绩效。因此，高绩效人力资源管理可以理解为，是一种通过提高员工的能力、动机及工作机会来提升组织绩效的人力资源管理实践的动态组合，这种组合能够对组织的各类绩效结果产生相互协同的促进作用。按照 AMO 模型，高绩效人力资源管理影响组织绩效的作用机制，体现在三个方面人力资源管理实践的动态组合中。首先，人力资源管理实践直接影响员工完成工作任务所必需的知识、技能和经验，即完成工作所需的能力，高绩效人力资源管理实践一定有助于员工工作能力的提升。其次，人力资源管理实践影响员工完成工作任务的动机，高绩效人力资源管理实践提供的报酬、激励对员工工作动机的方向、强度及努力时机会产生积极影响，将有助于引导员工做出组织所期望和支持的行为。最后，人力资源管理实践影响员工的工作机会。工作机会是工作场所中组织为促进任务绩效而提供的各种资源配置的结果，高绩效人力资源管理实践可以为员工提供工作的机会，以满足员工能力的提升和动机的发挥。

AMO 模型涵盖了高绩效人力资源管理的核心内容，成为后来许多学者普遍采用的高绩效人力资源管理实践分析框架。AMO 模型将员工与组织绩效看作是员工能力、工作动机和工作机会三者作用的结果，高绩效人力资源管理应该围绕提高员工能力、提升工作动机、增强工作机会来设计。

Lepak et al（2006）的研究将 AMO 模型进一步细化，其中 A 表示技能增强型人力资源管理实践，是指保障企业获得和拥有高技能员工的人力资源管理活动，主要包括员工招聘、甄选及培训与开发；M 表示动机增强型人力资源管理实践，是指可以提升员工工作动机的人力资源管理活动，主要包括有效的绩效管理、激励性的薪酬、员工福利和奖励政策、职业发展等。O 表示机会增强型人力资源管理实践，是指可以提升员工工作机会的人力资源管理活动，主要指员工参与决策授权、团队建设、工作设计等，能够提供机会使员工发挥自身能力和主观能动性并实现组织目标的人力资源管理活动。

Dyer（1988）将人力资源管理系统区分为投资型（investment）和诱引型（inducement）两种类型。投资型人力资源管理系统下，企业与员工建立长期的雇佣关系，人力资源管理策略注重员工的长期发展，通过对员工忠诚度的培育，使员工对企业产生长期的贡献。而诱引型人力资源管理系统以短期交易的观点来看待雇佣关系，人力资源管理策略建立在相互利用、各取所需劳资关系的基础上。

在人力资源管理实践中，投资型和诱引型人力资源管理系统存在明显的策略差异。如在员工招聘方面，投资型强调应聘者的特征和发展潜能，诱引型则强调技能；在员工培训方面，投资型应用范围广泛的知识和技巧，诱引型应用的知识和技巧范围比较有限；在绩效评估方面，投资型以行为为导向，关注员工的长期发展，诱引型以结果为导向，强调对员工的控制；在薪酬激励方面，投资型强调以绩效为基础，重视内部公平，坚持权变策略，诱引型强调以工作或年资为基础，重视外部公平，坚持固定不变的策略；在员工晋升方面，投资型注重内部劳动力市场，体现出广泛性和灵活性，诱引型注重外在劳动力市场，体现出狭窄和不易转换性；另外，投资型提供较高的工作保障，注重员工参与和自我管理团队，诱引型则提供较低的工作保障，注重个人工作，员工参与度较低。

Lepak 和 Snell（2002）根据员工能力和技能的不同，提出基于承诺、基于市场、基于控制和基于合作四种人力资源管理系统类型。还有研究者把人力资源管理实践分为交易型和承诺型两大类（Arthur，1992）。交易型人力资源管理系统主要强调组织和员工之间的短期交换关系，承诺型人力资源管理系统则试图发展组织与员工之间的长期依存关系。已有文献认为，承诺型人力资源管理实践强调内部市场，注重员工与组织的匹配，以组织或者团队的绩效作为薪酬政策的基础，把员工的长期发展以及开发组织专有知识作为培训和绩效评估的目标（Delery et al，1996；Tsui et al，1997）。员工招聘中更强调价值观与组织文化的匹配，注重员工的职业生涯发展，通过内部轮岗、系列化培训等方式，为员工提供内部发展机会。研究发现，承诺型人力资源管理系统中，各单项人力资源管理实践之间存在内部一致性。

刘善仕等（2008）区分了以资源为基础的人力资源管理系统和以控制为基础的人力资源管理系统。以资源为基础的人力资源管理系统着眼于通过开发企业内部员工的能力以获得企业竞争力，其特征表现为工作保障、广泛培训、内部晋升、基于员工发展的绩效考核、基于能力的薪酬体系；而以控制为基础的人力资源管理系统，着眼于通过外部劳动力市场获取符合企业要求的员工。这种人力资源管理系统下，员工的工作保障较低，提供的培训也较少，其薪酬体系以市场为基础，强调员工行为的规范性。以控制为基础的人力资源管理系统可进一步分为过程导向型和结果导向型两种类型。过程导向型的人力资源管理系统注重固定而明确的工作设计，绩效评估基于控制，薪酬体系以效率为基础；结果导向型的人力资源管理系统注重长期激励和高度的员工参与。

国内外许多学者都探讨了高绩效人力资源管理的构成维度，提出了不同观点，涉及雇佣安全、员工关系、员工甄选、广泛培训、绩效评估、薪酬激励、利润分享、工作任务、团队组织、交流沟通、信息共享、员工参与管理等许多方面（表 4-1）。在具体的高绩效人力资源管理实践探讨方面，学者们的研究结论和表述也不尽相同（表 4-2）。

表4-1 高绩效人力资源管理的结构维度

高绩效人力资源管理维度	代表学者
就业保障、促进交流、团队活动、共享信息反馈、目标激励、书面政策和沟通战略	Ahmad and Schroeder（2003）
人力资源流动、工作系统、报偿系统和员工影响	Bae et al（2003）
内部职业机会、培训系统、结果导向评估、利润分享计划、雇佣安全、员工参与和工作描述	Delery & Doty（1996）
提供内部职业机会、正规培训、系统评价方法、利益共享、就业安全、申诉机制和工作定义	Delanney（1996）
人员挑选、绩效评估、激励系统、工作分析、晋升系统、就业安全、信息共享、态度调查和员工参与管理	Huselid（1995）
诱因薪酬、严格甄选、工作团队、雇佣安全、工作轮换、技能培训、员工沟通、员工关系	Ichniowski（1997）
招募与录用、新进员工训练、熟练员工训练、情境式薪酬、工作团队、问题解决团队、员工提案、工作轮调、分权化、差异化激励	MacDuffie（1995）
结构系统、任务系统、信息系统、人员系统和激励系统	Noe et al（2004）
雇佣安全、选拔式招聘、自主管理团队和分散化决策、基于业绩的权变式高工资体系、广泛培训、缩小管理级别之间的距离、信息共享	Pfeffer（1998）
员工甄选、培训、内部晋升、职业安全、工作描述、以结果为导向的评估、激励性报酬、参与机制	Sun et al（2007）
员工招聘方式、以团队为基础的业绩报酬、薪酬水平、工作轮换、自我管理的团队、正式培训、员工参与	Sean A.Way（2002）
选择性招聘、广泛训练、技能本位薪资、群体奖励、薪酬外部公平、行为导向绩效	Youndt et al（2004）
结果评估、广泛培训、沟通分享、员工福利、工作团队、雇佣安全、权变薪酬和严格甄选	王虹（2010，2011）
系统培训、内部劳动力市场、以绩效为基础的薪酬、正式的招聘程序、人力资源计划	蒋春燕、赵曙明（2004）
基础管理、员工参与、程序公平、管理重点、人际沟通、资历作用、人才来源和录用标准	张一驰、黄涛和李琦（2004）
广泛培训、员工竞争流动和纪律管理、信息分享、严格招聘、基于结果的考核、薪酬管理、内部劳动力市场、员工参与管理	苏中兴（2010b）
严格规范的招聘、系统培训、结果和行为双导向的绩效考核、员工激励、人力资源流动、人力资源规划、沟通交流、团队合作	张传庆等（2013）

表4-2 西方文献高绩效人力资源管理实践项目

维 度	实践项目	文 献
员工参与	构建员工参与机制/建议系统	Arthur（1994）、Huselid（1995）、MacDufie（1995）、Becker & Huselid（1998）、Youndt et al（1996）、Sun et al（2007）
	成立员工参与管理小组（质量/成本/技术）	Arthur（1994）、Huselid（1995）、MacDufie（1995）、Ichniowski（1993，1997）、Applebaum（2000）、Datta（2003）、Becker & Huselid（1998）、Wright et al（2003）
	实行信息分享制度	Huselid（1995）、Ichniowski（1993，1997）、Applebaum（2000）、Datta（2003）、Becker & Huselid（1998）、Youndt et al（1996）、Zacharatos，Barling & Iverson（2005）、Peter Berg（1999）、Mendelson et al（2011）
	员工与管理者之间讨论问题的频率	Ichniowski（1997）、Applebaum（2000）
	工作决策分权/自主性	Arthur（1994）、Delery & Doty（1996）、Applebaum（2000）、Peter Berg（1999）、Mendelson et al（2011）
	员工参与管理委员会	Arthur（1994）、Huselid（1995）
招聘选拔	严格的选拔流程	Huselid（1995）、Ichniowski（1997）、Huselid et al（1997）、Datta（2003）、Becker & Huselid（1998）、Youndt et al（1996）、Wright et al（2003）、Mendelson et al （2011）
	严格的招聘标准	MacDufie（1995）、Ichniowski（1993）、Youndt et al（1996）、Sun et al（2007）、Mendelson et al（2011）
	广泛选拔人才/选拔比例	Huselid（1995）、Delery & Huselid（1996）、Datta（2003）
培训开发	员工的培训时间	Huselid（1995）、MacDufie（1995）、Kallegerg & Moody（1994）、Becker & Huselid（1998）、Wright et al（2003）
	正式的培训体系	Delery & Huselid（1996）、Delery & Doty（1996）、Applebaum（2000）、Huselid et al（1997）、Ichniowski（1990，1993）、Kallegerg & Moody（1994）
	进行广泛培训	Arthur（1994）、Ichniowski（1993）、Datta（2003）、Becker & Huselid（1998）、Youndt et al（1996）、Sun et al（2007）、Mendelson et al（2011）
	进行培训效果评估	Delery & Huselid（1996）、Kallegerg & Moody（1994）
	实施工作轮换制度	MacDufie（1995）、Ichniowski（1997）、Ichniowski（1993）
	有内部晋升/职业发展制度	Huselid（1995）、Delery & Doty（1996）、Delery & Huselid（1996）、Applebaum（2000）、Ichniowski（1990）、Datta（2003）、Becker & Huselid（1998）、Wright et al（2003）、Zheng，Morrison 和 O’Nem（2006）、Sun et al（2007）

绩效考核	进行结果导向的绩效考核	Huselid（1995，1997）、Becker & Huselid（1998）、Smith（1996）、Galang（1999）、Pfeffer（1998）、Wright et al（2003）、Sun et al（2007）
	正式的绩效反馈	Datta（2003）、Smith（1996）
	进行评价/开发性绩效考核	Delery & Doty（1996）、Smith（1996）、Youndt et al（1996）
薪酬激励	较高的人均劳动力成本/薪酬水平	Arthur（1994）、Applebaum（2000）
	基于绩效的薪酬制度	Arthur（1994）、Huselid（1995）、MacDufie（1995）、Delery & Doty（1996）、Delery & Huselid（1996）、Ichniowski（1997）、Applebaum（2000）、Becker & Huselid（1998）、Smith（1996）、Wright et al（2003）
	实施利润分享制度	Huselid（1995）、MacDufie（1995）、Delery & Doty（1996）、Ichniowski（1997）、Applebaum（2000）
	基于团队的报酬制度	Applebaum（2000）、Kallegerg & Moody（1994）、Datta（2003）、Youndt et al（1996）
	实施激励性薪酬	Delaney & Huselid（1996）、Peter Berg（1999）、Sun et al（2007）、Mendelson et al（2011）
	存在薪酬等级差异	Varma，Beatt & Ulrich（1999）
员工关系	有申诉和争议解决机制	Arthur（1994）、Huselid（1995）、Delery & Doty（1996）、Delery & Huselid（1996）、Ichniowski（1990，1993）、Datta（2003）、Becker & Huselid（1998）、Wright et al（2003）
	职业安全得到保障	Delery & Doty（1996）、Ichniowski（1993，1997）、Applebaum（2000）、Horgan & Muhlau（2006）、Peter Berg（1999）、Sun et al（2007）、Mendelson et al（2011）
	有正式的态度/意见调查	Huselid（1995，1997）、Datta（2003）、Becker & Huselid（1998）
规划与工作组织	制订人力资源规划	Oundt，Snell，Dean和Lepak（1996）
	进行工作分析/工作描述	Huselid（1995）、Ichniowski（1990）、Becker & Huselid（1998）、Delery & Doty（1996）、Sun et al（2007）
	构建基于团队的工作组织	MacDufie（1995）、Ichniowski（1997）、Applebaum（2000）、Wan，Ong & Kok（2002）
	实行柔性工作制	Guthrie（2001）、Way（2002）

事实上，高绩效人力资源管理中具体实践内容也在随着情境因素的变化而变化，如转换型领导、人际关系发展、雇佣关系等也是学者们研究提出的高绩效人力资源管理实践。

王雪莉等（2015）基于“能力 - 动机 - 机会”理论框架，以中国10家行业领先企业为对象，通过多案例人力资源管理中的共性特征分析，构建了适合中国情境的高绩效人力资源管理实践模型。该研究结果表明，我国优秀企业人力资源管理实践的基本用人模型属于承诺型，强调培养人，以形成企业与组织成员共同发展的心理契约为特征。①在技能增强型人力资源管理实践方面：强调甄选过程的人岗匹配、德重于才；提倡内部招聘；高度重视员工培训。②在动机增强型人力资源管理实践方面：主要是通过高薪酬待遇、高绩效激励、多发展机会来提高员工工作动机。具体而言，在薪酬福利上，采取以岗定薪、密薪制，提供较有竞争力的薪酬水平和形式多样的福利待遇调动员工工作积极性；在职业发展上，搭建晋升通道，提供成长机会，建立岗位后备计划，以完善员工职业发展梯队建设，增强员工工作主动性；在绩效管理上，既要看重业绩考核，还须看重行为能力素质的考核。③在机会增强型人力资源管理实践方面：为员工提供机会，让其有发挥才干的平台，具体是多培养、多锻炼员工，根据能力特长，将合适的人放在适合的岗位上；加强团队建设，促进信息共享与交流，为员工发挥才干提供良好的环境支撑。

彭剑锋等（2012）以可口可乐公司为个案，通过质性研究提炼出饮料行业世界级企业最佳人力资源实践内容包括四个维度，分别是雇主品牌建设的人力资源吸引实践、以内部人培养为核心的开发实践、以人性化为核心的运营实践以及绩效导向的流动和退出实践。

在不同实证研究中，出现频率较高的高绩效人力资源管理实践包括：严格的员工选拔流程、广泛培训、绩效薪酬、利润分享、员工参与、内部晋升、工作自主性、决策分权、正式的信息分享制度、申诉和争议解决机制、就业保障等。施杨等（2011）关于高绩效人力资源管理构成要素的元分析结果显示，被采用次数较高的人力资源管理实践有激励薪酬、薪酬等级、内部晋升、绩效评估、甄选、培训、员工参与、柔性工作制、团队、申诉程序、信息共享、人力资源规划、职业安全等。总体而言，对于高绩效人力资源管理的具体实践内容还没有达成共识，一个相对被普遍接受的看法是，高绩效人力资源管理应该包括员工的职业保障、授权、尊重员工、利益分享、严格录用、全面培训和按照业绩支付报酬等方面。

第二节　企业高绩效人力资源实践的研究模型

本书致力于研究中国企业的高绩效人力资源实践对企业和员工绩效的影响作用，探索高绩效人力资源实践对企业和员工绩效产生影响作用的内在机制，考察高绩效人力资源实践对企业和员工绩效产生影响作用的背景条件，并根据初步研究结果，为我国企业或其他组织的高绩效人力资源实践的实施、改善、应注意的关键问题等提出管理对策。主要包括四个具体研究目标：

第一，在借鉴和吸纳西方有关高绩效人力资源实践的理论和实证研究成果的基础上，分析中国企业的高绩效人力资源实践的构成要素、结构以及各构成要素之间的关系，从双向视角探讨高绩效人力资源实践分别对企业绩效（组织健康、员工离职、运营绩效和财务绩效）和员工绩效（幸福感、离职意向、组织公民行为、角色内绩效）的影响作用。

第二，主要以社会交换理论为基础，重点探索中国企业的员工 - 企业交换关系、员工的知觉到的胜任特征、员工的工作投入中介作用，以期探明高绩效人力资源实践对企业和员工绩效产生影响作用的不同路径和机制。

第三，以社会背景理论和社会信息加工模型为基础，从跨文化视角考察两个文化背景变量(权力距离和组织价值取向)和两个个体变量(传统性和知觉到的工作重要性)的调节作用，探讨中国企业的高绩效人力资源实践在中国文化背景下产生影响作用的独特条件，以便为我国企业实施和完善高绩效人力资源实践提供理论和实证依据。

第四，还考察员工 - 企业交换关系在高绩效人力资源实践对员工的工作胜任感、工作投入和工作绩效影响过程中所起的调节作用，以期为中国企业如何通过高绩效人力资源实践来合理有效地管理和完善企业与员工之间的雇佣关系提供实证依据。

基于以上文献综述和分析，本书的主体研究框架见图 4-1 综合模型。

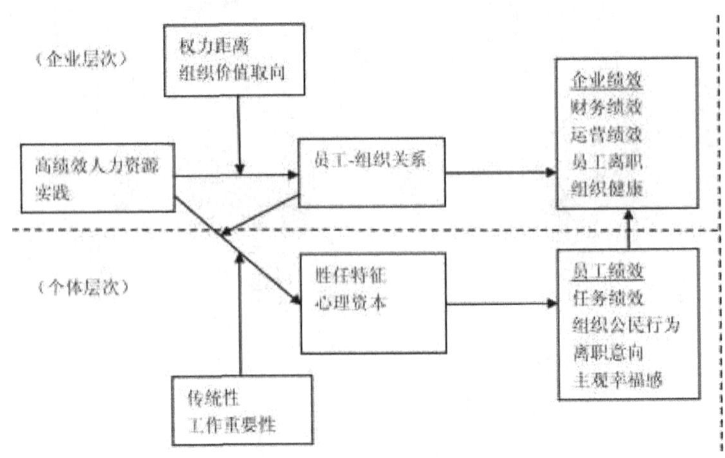

图4-1 高绩效人力资源实践与绩效的关系（综合模型）

第三节　企业高绩效人力资源管理对员工态度及行为的影响

有关高绩效人力资源管理的结果效应研究，过分关注了组织产出，忽略了员工对人力资源管理实践的反应，即该领域对员工态度及行为的影响研究不足。基于战略人力资源管理理论，员工态度和行为在很大程度上是由组织人力资源管理实践塑造的，企业人力资源管理实践通过营造信任感和强化互惠规范，构成了员工和组织之间特定的心理联系。已有文献研究认为，人力资源管理实践是组织和员工基于互惠和社会交换关系的相互投资。企业管理实践中，组织针对员工提供物质回报之外，开展系统培训、职业生涯规划、广泛参与等有利于员工成长和发展的人力资源活动，员工会将这些活动看作是组织对自己的承诺，进而基于互惠原则与组织相交换，从而增加了对组织的承诺感。

综合社会交换理论及行为科学理论，企业通过高绩效人力资源管理可以激发符合企业需要的员工态度和行为，有助于创造更多的组织期望的价值。张一弛和张正堂（2004）研究发现，高绩效人力资源管理的影响机制，主要是通过影响员工的工作态度，从而促进员工提高工作努力水平，最终使产品和服务的质量与劳动生产率受到积极的影响，突出了高绩效人力资源管理影响员工态度及行为的积极作用。一些学者的研究也发现，高绩效人力资源管理与员工工作满意度、组织承诺、情感承诺、对管理层的信任感、组织认同（王震等，2011）、组织公民行为及留职意愿等存在显著正向相关关系。高绩效人力资源管理使员工充分体验到被重视的内在感觉，降低了离职意愿，提高了员工技能和能力，通过影响员工的行为产生核心能力，从而形成企业的竞争优势。高绩效人力资源管理可以促使员工对支持性组织环境形成一种共同感受，使员工将组织与自我紧密地联系在一起，员工会相信在很大程度上自己的命运与组织命运息息相关。也有学者提出相反的观点，Barker 认为高绩效人力资源管理能够带来员工工作压力感的上升，对员工工作满意感有很大的负面影响。

尽管现有文献在研究高绩效人力资源管理时，或者采用不同的人力资源管理实践和组织绩效，或者采用不同的测量方法，但得出的基本结论是，高绩效人力资源管理影响员工态度和行为，从而影响企业绩效。而高绩效人力资源管理与企业绩效之间是否存在显著的正向相关关系，已有研究得出的结论不一致，反映了企业绩效影响因素的复杂性。一方面，企业绩效是企业内外部诸多主客观因素综合作用的结果，在分析高绩效人力资源管理与企业绩效之间关系时，许多因素都是很难控制的。另一方面，同任何企业管理实践一样，高绩效人力资源管理实践的结果效应也会受到情境因素的影响，在不同的情境条件下，采用不同的人力资源管理实践会带来不同的回报。

第五章　企业员工关系与高绩效管理

本章进一步探究了企业员工关系管理、基于高绩效人力资源管理的员工绩效和组织绩效、企业高绩效人力资源管理结果效应的作用机制和影响因素。

第一节　企业员工关系管理

一、员工关系

（一）员工关系的概念

员工关系（Employee Relationship）是社会关系在企业这个组织系统中的特殊表现形式，是20世纪初期西方学者从人力资源管理角度提出的、取代“劳资关系”的概念。它包括企业与员工、员工与员工、企业与供应商或者会员之间的关系，但一般情况下，研究的对象都是企业与员工基于雇佣行为而产生的关系。所以，员工关系通常是指企业与员工之间的关系。在企业中，员工关系双方对工作的期望、工作保障、晋升等因素并不完全建立在书面契约之上，有时还建立在心理契约的基础上。企业了解员工的需求和发展愿望，并尽量给予满足。员工也会为企业的发展贡献力量。但由于双方期望的复杂性，当利益、目标和期望出现分歧时，就会引起冲突。所以说，员工关系受到企业经济、技术、规章制度、文化的影响，表现为合作与冲突、权利与义务、奖励与惩罚相互交织的过程。①

对企业员工关系的研究，最初是为了缓解企业内部劳资矛盾突出、劳资关系紧张的局面而进行的。随着管理理论的不断完善与发展，人们对人性假设认识的进步，以及国家法规制度的健全，越来越多的学者开始重视人在组织中的作用，而良好的员工关系也成为组织加强沟通、和谐管理、促进企业发展的关键。因此，对员工关系管理理论的研究由此展开。在经济发展的每个阶段，员工关系管理理论都发挥着一定的作用。它指导企业协调内部矛盾，缓和企业与员工之间的关系，并通过制定和颁布相关措施，对员工实施激励，提高员工的工作积极性和组织归属感，推动组织绩效的提高。但是，这些理论都把企业与员工的关系视为雇佣关系，是建立在资本雇佣基础之上的，虽然也重视员工激励和员工利益，但都服从于组织的发展目标和规章制度，根本目的是为了企业的发展。在知识经济背景下，随着人力资源管

①刘翠芳：《现代人力资源管理》，北京大学出版社2006年版，第133页。

理相关理论的不断完善与发展，需要对企业与员工的关系重新审视，这也需要进一步深化和提升员工关系管理理论。

（二）员工关系的特征

1. 复杂性和多变性

国家政策法规、企业规章制度、企业文化、工作环境等从多方面对员工关系产生作用，规范和约束企业与员工的行为。所以，员工关系具有一定的复杂性。除此以外，由于企业和员工对工作的期望、薪酬以及满意度的不一致，当双方利益目标出现分歧时，就会引起冲突；反之，当双方满意度都比较高的时候，则表现为合作。所以，企业中的员工关系并不是一成不变的，往往会随着企业薪酬制度、绩效考评制度等的变化而发生改变。

2. 个体性和群体性

在企业，员工关系表现为两种形式：一种是个体关系，即企业管理者与员工个体的关系。管理者提供物质报酬，实施激励制度，雇用员工为企业服务，实现企业利益的增长；另一种是群体关系，即企业与作为员工代表的工会之间的关系。工会通过向管理者建议、协商、申述等方式，维持或提高员工的工资水平，打造良好的就业氛围和工作环境，实现双方的和谐相处。

3. 经济性和法律性

员工通过提供劳动，从企业获取物质报酬、荣誉、地位，以及成就感和归属感，而企业也因为员工的劳动和贡献，达到收益增长、市场份额增加、生产规模扩大的目的，员工关系双方的和谐共处是建立在经济利益之上的。同时，企业与员工的雇佣关系，必须有书面的劳动合同维持契约关系，有国家法规规范和制约双方行为。因此，员工关系具有经济性和法律性。

4. 平等性和不平等性

以劳动换取报酬，处于从属地位，提供职业劳动，是员工的主要职责，员工在劳动过程中有服从管理方指示的义务，从这一点讲，员工关系具有不平等的方面；但在员工签订劳动合同之前，与管理方就劳动条件协商时，并不存在从属地位的关系。即使在劳动关系存续期间，就劳动条件的维持或提高与管理方进行协调时，也无服从的义务，这是员工关系平等性的一面。

（三）改善员工关系的意义

员工关系是最重要的社会关系之一，员工关系的好坏与社会稳定、经济发展、人民群众生活质量的改善都有密切的联系。而员工关系的改善，对于企业的经营与管理成效更是不言而喻。

1. 员工关系的改善对企业盈利和长久发展具有重要意义

我们知道，企业的利润来自成本和销售额的差值，来自产品和服务获得消费者的青睐，而所有这些都要靠员工的努力才能实现。需要员工在工作中忠于职守，保证产品的质量，降低不必要的成本开支；在对客户的服务中，时刻保持良好的精神风貌和服务意识，赢得客户的忠诚。但是，如果员工对工作环境不满意，工作安全得不到保障，员工与企业的关系处于紧张、敌对的状态，不能舒心地投入正常的工作状态，就无法保证做到以上两点甚至故意损害企业利益。所以，企业一定要重视内部员工关系的改善，营造良好的工作环境、为员工提供充足的辅导等，通过这些措施优化员工关系，为企业的长久发展打下基础。

2. 员工关系的改善有利于促进员工身心健康发展

员工工作状态会对其生理和心理都产生极大的影响。有些工作本身对从业者存在一定危害性，例如：教师常年过度用嗓和吸入粉笔灰，会对声带和呼吸道系统产生不良影响；建筑工人在工地上作业，安全性受到威胁；工作压力过大、同事关系不和谐、上级不支持等，也有可能对员工的心理健康产生不良影响。诸如此类的问题在很多企业中都存在，而员工则是首当其冲的受害者。所以，改善员工关系，为员工营造安全、健康、舒心的工作环境，对其身心的健康发展有帮助，同时也有助于提高员工的幸福感和对企业的归属感。

3. 员工关系的改善有助于增进员工对企业的理解与信任

信任是有效管理的基石，组织的所有管理措施与政策的执行与落实都有赖于员工与企业之间、员工与管理者之间的相互理解与信任。这种信任和理解更多来自企业与员工之间的心理契约。员工关系管理是构建良性心理契约的重要手段和过程。良好的员工关系管理体系既可以促进员工与之间增进互信，又可以带来良好的组织氛围，这种氛围能有效地增进组织成员之间的互信与合作。

（四）影响员工关系的因素

1. 政治因素

政治因素主要指规范员工关系双方行为的国家政策、法律法规。国家通过制定、颁布法律条例和方针政策，对涉及公平、公正、职权、就业保护等方面设立基本标准，制约雇佣关系的运行。这些规则明确了企业员工关系双方的权利和义务，是政府调整劳动关系的基本形式。例如：我国的《劳动合同法》对试用期限、报酬、劳资关系等都做了规定，协调了企业与员工之间的关系。

2. 经济因素

经济因素包括宏观经济因素和微观经济因素。宏观经济因素主要指市场化、全球化、金融危机等对市场经济的影响而引发的员工关系之间的变化。微观经济因素是指企业内部经营状况、某一特定商品市场所面临的竞争程度等对员工关系的影响。经济全球化可能使资本更容易流向人力成本较低的国家，各国有可能竞相降低成本（甚至达到员工不能接受的水平），从而引起员工的不满。金融危机则使企业面临经济效益下降的局面，为节省运作成本，企业不得不减薪裁员，以维持企业正常运转。本书也正是从这一方面来研究员工关系管理的。

3. 企业文化

不同企业所构建的企业文化体系也有所不用。例如：美国企业重视制度管理，追求经济利益，而员工的个人意识也较为突出，敢于冒险创新。企业视员工为实现组织目标的工具，员工也通过组织和参与谈判、管理来赢取自身权益。在这一文化背景下的员工关系，具有制度化、模式化、死板而拘谨的特点。而日本企业则注重以人为本，强调集体主义，通过实行“终身雇佣制”来增加对员工的感情投人，实行“年功序列制”来激励员工。在这种企业文化的导向下，员工对企业的忠诚度相当高，企业与员工的关系也十分和谐。

4. 管理制度

如果企业内部管理制度完善、制定的各项政策和实践具有可操作性，员工对工作的满意度就会增强，对组织的信任和认同感也会随之上升，有助于员工关系管理。除此以外，沟通也是影响员工关系管理最重要的内部因素。如果企业沟通渠道不完善，单向沟通，缺乏必要的反馈，将会引起很多矛盾，进而导致员工工作热情和积极性下降，影响工作效率。

5. 管理者

管理者的管理理念和管理风格影响着员工对企业的信任以及管理者的动机，进而影响员工关系。如果管理者重视和关心员工，把员工视为组织的一部分，而不仅仅是实现组织利益的工具，注重对员工进行情感激励，那么，企业与员工的关系一般会比较和谐。反之，如果管理者对员工苛刻、专制，员工则不会支持或者不能理解管理者的理念，这将对员工产生压力，进而影响员工的工作绩效，同时也影响员工对企业的信任。

二、员工关系管理

（一）员工关系管理的定义

员工关系管理是企业人力资源中最重要的一项内容，员工关系管理的主要职责是协调员工与公司、员工与员工之间的关系，引导建立积极向上的工作环境。从广义上讲，员工关系管理是在企业人力资源体系中，各级管理人员和人力资源职能管理人员，通过拟定和实施各项人力资源政策和管理行为，以及其他的管理沟通手段调节企业和员工、员工与员工之间的相互联系和影响，从而实现组织的目标。从狭义上讲，员工关系管理就是企业和员工的沟通管理，这种沟通更多采用柔性的、激励性的手段来提高员工满意度，从而支持组织其他管理目标的实现。

（二）员工关系管理理论的产生和发展

国外员工关系管理理论研究经过 100 多年的发展，由原则到具体、由重物质激励到重精神激励、由强调制度的作用到强调文化的价值，形成了一个较为完整的理论体系。西方最早期的员工关系管理产生于以泰勒为代表的科学管理理论，他首创了一种科学的工作法和管理体制来约束员工行为，建立了一种制度化、规范化的科学管理体制。在这种管理体制下的员工关系是一种制度化的模式，死板而严谨，一切员工之间的关系都是凭制度来说话。而以法约尔为代表的古典组织理论，是以组织结构设计、组织运动原则、组织管理职责为研究重点，强调管理职能的计划、组织、指挥、协调和控制。这种理论的员工管理方式强调发挥组织的有效职能，实现有序的操作。

虽然现代完善的员工关系管理理论主要是建立在西方人力资源管理体系之上，但是从中国历史上看，早期的儒家、法家、墨家、道家的思想中就已经渗透着不同的员工关系的萌芽。以孔子、孟子为代表人物的儒家，其哲学核心是施行德政、争取民心，这就相当于现在"以人为本"的员工关系；以韩非子为代表人物的法家，认为人性恶，主张加强后天修养，要用"法"约束，主张集权，用制度推动、制约组织的运作，是一种以集权为主的员工管理方式；以墨子为代表人物的墨家，则主张君臣上下高度一致，起用贤才，节约开支，在物质功利的基础上建立彼此相爱的人际关系，这是集权与分权相融合的一种民主模式；道家则是以老子、庄子为代表人物，把"无为"作为管理国家和自我管理的经营哲学，强调依顺自然，是一种放任式的员工管理模式。

我国现代的学者则认为员工关系管理的内容一般可以从企业人力资源管理的基本职责与内容中导出，他们认为员工关系管理基本内容包括劳动关系管理、人际关系管理、沟通管理、员工情况管理、企业文化建设、服务与支持、员工关系管理培训等方面。在员工关系管理（ERM）中员工是起点、心理契约是核心，利益关系是根本。员工关系管理涉及了整个企业文化和人力资源管理体系的构建。从企业目标和价值体系确立、内部沟通渠道的建设和应用、组织的设计和调整、人力资源政策的制定和实施等，所有涉及企业与员工、员工与员工之间的联系和影响方面，都是员工关系管理体系的内容。

（三）员工关系管理范围新变化

1. 超组织员工管理

20世纪80年代以来，在技术进步、经济全球化以及顾客需求多样化、个性化等因素的驱动下，企业经营环境日趋复杂、动荡，迫使企业纷纷进行组织变革和管理创新，企业正面临着一种新的竞争环境——不间断的变革和高度的不确定性。伴随经营环境的不断变化，企业经营管理理念也发生了明显的变化。企业不断寻求自身的灵敏性与竞争优势，主动建立、改进与客户或供应商之间的战略联盟、虚拟企业等超组织关系，超组织的经营理念便应运而生。[①] 超组织的经营理念激发企业最大限度地利用外部资源以赢得竞争优势，然而企业竞争优势的发挥需要企业外的机构或人员参与，于是导致超组织人力资源管理模式的出现。

在超组织经营环境下，员工关系管理的范围不仅包括企业内部的员工，而且还扩展到企业外部合作伙伴（销售商、供应商）的员工，反映了一种新的思维方式。合理配置企业人力资源，通过加大培训力度，提高员工的工作技能和绩效能力，通过改革薪酬管理体系，优化薪酬的分配作用，使之更加具有激励性。通过一系列开发人才、激励人才的企业用人观，带

①胡君辰等：《企业人力资源管理》，格致出版社2010年版，第215页。

动了企业管理层和员工的人才观念，使得企业人力资源管理更趋成熟和发展。随着企业竞争的加剧，未来的不可预知性加强，企业间对人才的争夺战也愈演愈烈，人才竞争成为企业竞争的核心。掌握了人才就掌握了人力资源的核心竞争力，就掌握了竞争制胜的法宝。

2. 提倡合作双赢的员工关系

合作双赢是企业员工的需要。在我国的市场经济以及劳动力市场刚刚开始发育的时候，工资报酬或者物质利益是企业员工普遍最为关心的问题，许多企业的职工在经历了一段追求高收入的职业选择之后，当初的那种较强的物质利益需要得到一定的满足。随着市场经济的深入发展、人们生活水平的提高、企业员工素质的不断提升，我国企业的职工对于归属感、受尊重感以及自我价值实现的要求越来越高，更重视工作场所中的人际关系与工作氛围。越来越多的证据表明，我国的各类企业职工，特别是高层次的人才，他们所追求的并非单纯的经济利益，良好的企业文化、工作的使命感和自豪感、人际关系和谐、个人能力的发挥以及有机会参与企业的相关管理决策等才是他们真正想在企业“赢”得的东西。

（四）员工关系管理中的心理契约

1. 心理契约的内涵

“心理契约”是美国著名管理心理学家施恩（Schein）教授提出的一个名词。他认为，心理契约是“个人将有所奉献与组织欲望有所获取之间，以及组织将针对个人期望收获而有所提供的一种配合”。它虽然不是一种有形的契约，但它确实发挥着一种有形契约的作用。他的意思可以描述为这样一种状态，企业的成长与员工的发展的满足条件虽然没有通过一纸契约载明，而且因为是动态变动的也不可能加以载明，但企业与员工却依然能找到各自的决策“焦点”，如同一纸契约加以规范。企业能清楚每个员工的发展期望，并满足之；每一位员工也为企业的发展做出全力奉献，因为他们相信企业能实现他们的愿望。

广义的心理契约是雇佣双方基于各种形式的书面的、口头的、组织制度和组织惯例约定的承诺，对交换关系中彼此义务的主观理解。狭义的心理契约是员工出于对组织政策、实践和文化的理解和各级组织管理者做出的各种承诺的感知而产生的，对其与组织之间的、并不一定被组织各级管理者所感知到的相互义务的一系列信念。

2. 心理契约的特点

心理契约反映的是组织与员工彼此间对于对方所抱有的一系列微妙而含蓄的心理期望。在预料与期待对方能满足自己某些期望的同时，希望对方产生自己所希望出现的某种行为。心理契约一方面反映了组织成员加入组织的动机与目的，如期望在组织中获得回报、提升、自我实现等；另一方面又反映了组织对员工的一种期望，如希望员工对组织忠诚、尽职、奉献等。可以说，双方的这种期望带有较浓厚的博弈色彩。心理契约与组织中常见的商业契约相比，有以下几个特点：

1）心理契约具有主观性

心理契约的内容不是相互责任这一事实本身，而是员工个体对于相互责任的认知，是一种主观感觉。由于个体对于他与组织之间的相互关系有自己独特的体验和见解，因此，个体的心理契约可能与雇佣契约的内容不一致，也可能与其他人的理解和解释不一致。

2）心理契约具有动态性

正式的雇佣契约一般是稳定的，很少改变。但心理契约却处于一种不断变更与修正的过程。任何物理性的还是社会性的工作方式变更，都会对心理契约产生影响。在一个组织中工作的时间越长，心理契约所涵盖的范围也会越广，在员工与组织之间的关系中，相互期望的隐含内容也就越多。

3）心理契约与期望之间存在差异

心理契约不仅有期望，还包括对责任和义务的承诺与互惠。它包括的内容是那些员工相信他们有资格得到的东西和应该得到的东西。区分这两点是具有实践意义的，期望未实现时产生的主要是失望感，心理契约被违背时则产生更强烈的消极情感反应和后续行为，其核心是一种愤怒情绪，员工会感到组织背信弃义，自己受到不公正对待。

第二节　基于高绩效人力资源管理的企业员工、组织绩效

一、企业员工绩效

（一）员工绩效及测量

1. 员工绩效的定义

（1）绩效是工作结果

如果你不能界定绩效，就不能测量或管理绩效。Bates 和 Holton（1995）指出，绩效是一个维建构，测量的因素不同，其结果也会不同。因此，我们要想测量和管理绩效，必须先对其进行界定，弄清楚确切内涵。一般可以从组织、团体、个体三个层面上给绩效下定义，层面不同，绩效所包含的内容、影响因素及其测量方法也不同。就个体层面来讲，人们给绩效所下的定义，尚未达成共识。目前主要有两种观点：一种观点认为绩效是结果；另一种观点认为绩效是行为。Bernardin（1995）认为，绩效应该定义为工作的结果，因为这些工作结果与组织的战略目标、顾客满意感及所投资金的关系最为密切。Kane（1996）指出，绩效是一个人留下的东西，这种东西与目的相对独立存在。不难看出，“绩效是结果”的观点认为，绩效的工作所达到的结果，是一个人的工作成绩的记录。表示绩效结果的相关概念有：职责，关键结果领域，结果，责任、任务及事务，目的，目标，生产量，关键成功因素等。

不同的绩效结果界定，可用来表示不同类型或水平的工作的要求，在设计绩效目标时应注意区分。

（2）绩效是工作行为

现在，人们对绩效是工作成绩、目标实现、结果、生产量的观点提出了挑战，普遍接受了绩效的行为观点，即绩效是行为。这并不是说绩效的行为定义中不能包容目标，Murphy（1990）给绩效下的定义是，绩效是与一个人在其中工作的组织或组织单元的目标有关的一组行为。Campbell（1990）指出，绩效是行为，应该与结果区分开，因为结果会受系统因素的影响。他在1993年给绩效下的定义是，绩效是行为的同义词，它是人们实际的行为表现并是能观察得到的。就定义而言，它只包括与组织目标有关的行动或行为，能够用个人的熟练程度（即贡献水平）来定等级（测量）。绩效是组织雇人来做并须做好的事情。绩效不是行为后果或结果，而是行为本身绩效由个体控制下的与目标相关的行为组成，不论这些行为是认知的、生理的、心智活动的或人际的。上述认为绩效不是工作成绩或目标的观点的依据是：第一，许多工作结果并不一定是个体行为所致，可能会受到与工作无关的其他影响因素的影响；第二，员工没有平等地完成工作的机会，并且在工作中的表现不一定都与工作任务有关；第三，过分关注结果会导致忽视重要的过程和人际因素，不适当地强调结果可能会在工作要求上误导员工。

（3）绩效包括工作结果和工作行为

我们认为，在绩效管理的具体实践中，应采用较为宽泛的绩效概念，即包括行为和结果两个方面，行为是达到绩效结果的条件之一。这一观点在Brumbach（1988）给绩效下的定义中得到很好的体现，即绩效指行为和结果。行为由从事工作的人表现出来，将工作任务付诸实施。（行为）不仅仅是结果的工具，行为本身也是结果，是为完成工作任务所付出的脑力和体力的结果，并且能与结果分开进行判断。这一定义告诉我们，当对个体的绩效进行测量和管理时，既要考虑投入（行为），也要考虑产出（结果）；绩效包括应该做什么和如何做两个方面。这就是Hartle（1995）所谓的绩效管理的“混合模型”。在该模型中，绩效既包括员工所要达到的结果，也包括如何到达这些结果。

2. 员工绩效的测量

Borman和Motowidlo（1993）认为，工作绩效是指员工所表现出的一组行为，这些行为直接或间接地对企业目标的实现做出贡献，是对企业的一种综合价值。他们提出了绩效的二维模型，认为行为绩效包括任务绩效和关系绩效两方面，其中，任务绩效指所规定的行为或与特定的工作熟练有关的行为；关系绩效指自发的行为或与非特定的工作熟练有关的行为。在测量员工的工作绩效时，除了测量任务绩效和组织公民行为这两种工作行为外，我们将测量员工的离职意向和主观幸福感，因为它们也都是与员工的工作相关的结果。

（1）任务绩效或角色内绩效

Williams和Anderson（1991）将这两种工作行为称为角色内绩效和组织公民行为。其中，角色内绩效是指正式的报酬系统认可的、工作说明书中所要求的行为。他们通过因素分析得到了由 7 个题项构成的量表，包括“该下属完成了分配给他的全部任务”“该下属履行了他的全部岗位职责”“该下属认真负责地完成了期望他完成的任务”“该下属总是能达到公司对他工作上的要求”“该下属完成了那些会直接影响他的绩效考核的工作任务“”该下属有时疏忽他应该完成的一些工作内容（反向记分）”和“该下属没有完成他工作中的重要任务（反向记分）”。

（2）组织公民行为

组织公民行为则是指员工自觉自愿的个体行为，这些行为没有直接或清楚地被正式的报酬系统认可，但综合起来能增强组织的效率和效能。最近，一些研究人员认为，关系绩效由人际关系和工作奉献构成，甚至由个人支持、组织支持和主动奉献构成。另外，也有相关研究把组织公民行为分为个体取向和组织取向的公民行为。其中，个体取向的公民行为是指那些直接有益于特定个体（如直接领导）并间接有益于组织的行为，如帮助、积极合作等；组织取向的公民行为是主要有益于组织和直接领导的行为，如创新、组织忠诚等。

（3）离职意向

离职意向指自觉的、主观上打算离开组织的意愿。常常被用来测量被试者在特定时间内（如接下来的六个月内）考虑离开或打算寻找新工作的程度。比如，可以采用 Wayne、Shore 和 Liden（1997）的五个题项的量表测量离职意向，包括：“我正在积极寻找去其他公司工作的机会”“一旦我找到更好的工作，我就会离开我现在的公司”“我正在认真考虑辞掉我现在的工作”“我经常想辞掉我现在的工作”“我将继续在现在的公司工作而不打算离开（反向记分）”。

（4）主观幸福感

主观幸福感指一个人对其体验到的是积极情绪多还是消极情绪多所做出的总括性主观判断。可以从三个方面理解幸福感的定义。第一，幸福感是一种主观体验，幸福感的高或低取决于人们的个人判断；第二，幸福感包括积极情绪和消极情绪两个方面，当一个人拥有高幸福感时，意味着他在同一个时间内体验到了较多的积极情绪（如愉快、快乐）和较少的消极情绪（如悲伤、烦恼）；第三，幸福感是一种总括性判断，涉及一个人生活的全部。

员工的幸福感包括工作满意度和情绪枯竭两个方面。其中，工作满意度是指一个人对其工作或工作环境做出的评价性判断。工作满意度是员工幸福感的一个重要指标，能够影响员工的生理和心理健康、工作投入、工作绩效、角色内绩效和组织公民行为。情绪枯竭是一个人对透支使用其情绪和身体资源的感知。情绪枯竭是员工幸福感的另一个重要指标。由于情绪枯竭能够预测员工的工作绩效、离职、生理健康以及其他一些结果，越来越多组织行为研究人员开始关注研究情绪枯竭。

（二）高绩效人力资源实践对员工绩效的影响作用

近来，学者们开始关注研究高绩效人力资源实践对个体层次的员工态度和行为的影响作用，以便深入了解和认识高绩效人力资源实践对组织绩效产生影响作用的中间机制。这种关注研究个体层次的员工结果（如态度和行为）的研究又可以分为个体层次和跨层次。其中，个体层次的研究主要关注（个体层次的）员工对高绩效人力资源实践的知觉对（个体层次的）员工态度和行为的影响作用。① 比如，Kuvaas（2008）采用自我报告的问卷对 593 位员工的研究结果表明，员工知觉到的发展人力资源实践与他们的离职意向正相关。其他采用这种个体层次分析的研究还有 Meyer & Smith（2000）、Allen，Shore & Griffeth（2003）等。不过，这种个体层次的分析结果的推广和普遍性受到了一些学者的质疑。目前，不少学者都采用跨层方法来分析组织层次的高绩效人力资源系统对个体员工结果的跨层影响作用。本项目也将采用跨层研究设计，考察组织层次的高绩效人力资源实践对个体层次的员工态度、行为和绩效的影响。

Guzzo & Noonan（1994）认为，人力资源每天传递的信息塑造了员工的态度和行为。根据定义，高绩效人力资源实践是指由一些彼此相互联系、相互促进的，与管人相关的实践活动组成的系统，包括雇佣安全、选择性人员安置、员工参与决策、激励性薪酬系统、广泛的培训以及职业发展活动。Tsuietal（1997）认为，这些实践活动是企业用来使员工做出期望的贡献的回报。根据社会交换理论和互惠规范，当员工从企业那里获得支持、信任、反馈、资源、机会和其他有形和无形的好处时，他们会产生进行回报的义务感，人们应该帮助那些帮助过他们的人。员工对企业的回报可以表现为高的组织承诺、高的角色内绩效、低的离职意向以及较多地表现组织公民行为，即自觉的行为，这些行为没有直接或清楚地被正式的报酬系统认可，但综合起来能增强组织的有效性。另外，根据互惠规范，人们不应该伤害那些曾经帮助自己的人。在高绩效人力资源实践中，如果员工认为他离职会对企业造成伤害，就不会轻言离职，表现出低的离职意向。

Batt（2002）认为，人力资源激励实践（如培训、雇佣安全、相对的高薪）可能会让员工产生依赖和承诺，并因此而降低离职意向。已经有实证研究结果证明，高绩效人力资源能够跨层影响员工的工作态度。比如，Wu & Chaturvedi（2009）通过对来自 3 个国家的 23 家企业的 1383 名员工的实证研究证明，高绩效人力资源系统与员工的程序公平、情感承诺和工作满意度正相关。而这些积极的态度则与员工的角色内绩效、组织公民行为、离职意向和幸福感有关。

二、企业组织绩效

（一）组织绩效及测量

1. 组织绩效的定义

要研究高绩效人力资源实践对组织绩效的影响作用，除了首先必须确定哪些实践构成高绩效人力资源实践和如何测量高绩效人力资源实践外，还必须弄清楚什么是组织绩效、从哪些方面测量组织绩效、在战略人力资源管理研究中，尽管许多研究都是将组织绩效作为最终绩效的因变量，但是，在该研究领域进行理论建构时，仍然需要更加准确地界定和测量组织

①张徽燕等：《中国情境下高绩效工作系统与企业绩效关系的元分析》，载《南开管理评论》2012 年第 15 卷第 3 期，第 139-149 页。

绩效。Katz 和 Kahn（1966）曾指出，在开发令人满意的组织绩效的测量指标上存在问题，这一点非常清楚；该问题的解决办法相当不明确。Scott（1977）在谈论组织有效性测量时也强调："通过对大量有关组织有效性及其决定因素的文献的回顾，我得到的结论是我们对该主题知道得越来越少。"目前，在组织研究中，组织绩效可能既是使用最广泛的因变量，又是界定最不清楚、最宽泛的构念之一。缺乏清楚界定和构念效度的组织绩效，将会阻碍当前战略人力资源管理研究的理论建构过程。

在相关研究的基础上，Williams（1998）指出，绩效（performance）既是一个多层次概念，包括组织、个人以及二者之间的其他层次的绩效，也是一个多侧面概念，可以从多个方面测量，比如产出、结果和利润等。Bredrup（1995）认为，组织绩效应当包括三个方面，效率和有效性是其中的两个方面。三个方面相结合，"将最终决定一个公司的竞争力"。这三个方面是有效性（满足顾客需求的程度）、效率（公司使用资源的节约程度）和可变性（公司适应未来变化的能力）。Singh 等（2012）、Alchian 和 Demsetz（1972）认为，组织绩效是指一个公司创造的价值与所有者期望从公司获得的价值的比较。因此，所谓组织绩效，通常是指组织在一定时期内组织任务完成的质量、数量、效率、盈利和内部及外部客户满意度等的情况。

2. 组织绩效的测量

Campbell（1977）总结的 30 项衡量标准清楚地展示了组织绩效多面性的特征。组织绩效可以从多方面进行测量，这些指标包括产出和成果、利润、内部过程和程序、组织结构、员工态度、组织对外部环境的反应等。在战略研究领域，对组织绩效的测量几乎都集中在财务绩效指标上。根据 Wright 和 McMahan（1992）给战略人力资源管理下的定义，战略人力资源管理是指"有计划地配置人力资源，促进组织实现其目标的行动模式"，这里的组织目标通常也是指财务绩效。大量研究也都尝试探讨战略人力资源管理对一些组织财务绩效指标的影响。财务绩效指标是一种客观指标，采用该指标能够减少共同工具效应，并且有助于最终避免容易误导的规范性和描述性的理论建构。Dyer 和 Reeves（1995）指出，可以从四个方面测量组织绩效：①人力资源结果，如离职、缺勤和工作满意度；②组织结果，如生产率、质量和服务；③财务或会计结果，如投资回报和盈利；④资本市场结果，如股票市值、增长和利润。

同时，他们还强调，人力资源实践很可能直接影响人力资源结果，然后依次影响组织、财务和资本市场结果。在一个元分析研究中，Combs 等（2006）从运营绩效和财务绩效两个方面测量组织绩效。其中运营绩效包括生产率和留职率，财务绩效包括会计回报、增长、市场回报等。

3. 测量组织绩效应注意的几个问题

Rogers 和 Wright（1998）建议，在未来战略人力资源管理研究中，测量组织绩效时应该注意四个方面的问题：考虑不同的分析水平、区分效果和效率测量、兼顾组织和不同利益相关者的目标、注意时间问题。

（1）考虑不同的分析水平

大量相关研究都是在公司（firm）或（plant）层面分析人力资源实践对组织绩效的影响。但是，很少有研究探讨人力资源实践对战略业务单元（SBU）绩效的影响作用。另外，在理论上，人力资源实践与公司战略和公司绩效之间的关系尚不清楚，这方面的研究似乎成为战略人力资源管理研究的焦点。

（2）区分效果和效率测量

在界定组织绩效时，需要先明确效果和效率这两个概念。效果（effectiveness）是指目标的实现；效率（efficiency）是指在实现目标的过程中资源的使用率。Ostroff 和 Schmitt（1993）指出，组织之所以对绩效持有不同观点，部分原因在于它们对效果和效率的相对重要性看法不同。在效果和效率的测量上，不同组织的目标也不相同。

（3）兼顾组织和不同利益相关者的目标

组织通常被定义为目的的工具。每个组织都有其目标或目的。不同组织的目标各不相同。另外，不同的利益相关者也都有他们各自的目标。因此，在衡量组织目标时，应当兼顾组织和不同利益相关者的目标的实现情况。Kaplan 和 Norton（1992）提出的平衡计分卡方法，采用四个方面的指标从不同角度来测量组织绩效，即财务、顾客、内部经营过程以及学习和成长。

（4）时间问题

从目标设定的角度看，时间是测量组织绩效的一个明确维度。Martell 和 Carroll（1995）研究发现，战略人力资源管理没有短期效应，同时，他们还指出，这也许是因为横截面数据没能明示战略人力资源管理的效果。

（二）高绩效人力资源实践对企业绩效的影响作用

人力资源既可以成为组织的最大和最难控制的费用，也能够成为影响组织绩效的重要因素。改善和提高组织绩效，是组织实施高绩效人力资源实践的目标之一。下面，我们将从运营绩效、财务绩效、员工离职和组织健康等几个方面考察高绩效人力资源实践的影响作用。

高绩效人力资源实践是一组紧密相连并形成系统的人力资源实践活动，而且，形成系统的人力资源实践活动彼此相互增强、相互支持，会比单独一个活动所能发挥的影响作用要大。根据战略人力资源管理理论，这些形成系统的实践活动能够提升员工的知识、技能，授权并激励员工运用这些知识、技能为组织的利益服务。至今，研究人员已经进行了大量实证研究，并验证了高绩效人力资源实践与组织绩效之间的关系。比如，高绩效人力资源实践能够显著地影响留职、劳动生产力、服务导向的组织公民行为、企业生产力、企业财务绩效等。Combs et al（2006）对 92 个有关高绩效工作实践的实证的元分析证明，高绩效工作实践与组织绩效（生产力、留职、会计回报、增长、市场回报）正相关。这些实证研究的成果虽然较多，但大都是在西方文化背景下进行的。我们预期，中国企业的高绩效人力资源实践也会对企业的运营绩效和财务绩效产生积极影响。

学者们对组织健康的界定尚未达成一致。本书认为组织健康是指一个组织能正常地运作，注重内部发展能力的提升，有效、充分地应付环境变化，合理地变革与和谐发展。在当前，提升组织健康水平不仅是企业管理的重要目的之一，也是增强企业盈利能力、提高企业持续竞争优势的重要保证。但是，目前有关组织健康的研究主要是在西方进行的，而且大都是针对组织健康的一些理论和模型的探讨。本项目预期，我国企业的高绩效人力资源实践将会有利于促进企业组织健康，并且，如果这种影响关系能够得到验证，将会为我国企业的健康、稳定发展提供一些方法和途径依据。

第三节　企业高绩效人力资源管理结果效应的作用机制与影响因素研究

一、高绩效人力资源管理结果效应的作用机制

随着高绩效人力资源管理对企业绩效的影响得到许多研究的支持，西方战略人力资源管理研究的重点，开始转向高绩效人力资源管理影响企业绩效的作用机制，即高绩效人力资源管理是如何提高企业绩效的，对这一问题的探讨，从实证研究的角度看就是一个探索确认中介变量的过程。

Dyer 和 Reeves（1995）提出的人力资源价值链模型认为，人力资源管理实践会直接影响员工的态度和行为，而员工态度和行为的变化会进一步影响产品质量、生产率指标等组织绩效，进而引起费用、收入、利润率等组织的市场绩效的变动。

Huselid（1995）和 Batt（2002）的研究都发现，员工离职率在高绩效人力资源管理与企业绩效的关系中具有一定的中介作用。

Youndt 等（1996）对 97 家制造企业的调查研究也表明，战略对高绩效人力资源管理与企业绩效的相关关系起到了明显的调节作用。

Collins 和 Clark（2003）运用美国高科技企业样本，发现管理人员的社会网络关系在高绩效人力资源管理与企业绩效之间的关系中具有中介作用。

Wright 和 Gardner（2003）对同一食品企业集团内部 50 个独立的经营单位的研究表明，高绩效人力资源管理能够影响员工对组织的承诺，而组织承诺和企业绩效之间存在正相关，即组织承诺在高绩效人力资源管理和企业绩效的关系中起到中介作用。

Yongdt and Snell（2004）把智力资本（包括人力资本、组织资本和社会资本）作为高绩效人力资源管理与企业绩效的中介变量，结果证实智力资本在高绩效人力资源管理与企业绩效的关系中存在中介作用。

Collins and Smith（2006）对高科技企业人力资源管理的研究表明，基于承诺的人力资源管理实践能够培养企业内部相互信任和合作的社会氛围，这种氛围促进了企业知识交换和整

合能力的提高，从而促进了企业销售增长和新产品开发，最终增加了企业的利润。

Sun et al（2007）探讨了中国酒店行业高绩效人力资源管理影响组织绩效的作用机制，研究发现，服务导向性组织公民行为在高绩效人力资源管理对组织绩效的影响关系中存在部分中介作用。

Wu et al（2009）研究发现，高绩效人力资源管理与员工态度（affective commitment and job satisfaction）显著相关，他们的研究同时发现，程序公平在高绩效人力资源管理实践影响员工态度的关系中存在中介作用，而权力距离在这一关系中存在调节作用。

Takeuchi et al（2009）以日本企业的324名管理者和522名员工为样本，探讨了高绩效人力资源管理对员工绩效的影响机制。跨层分析结果显示，组织关心员工氛围在组织层面的高绩效人力资源管理对员工工作满意感和情感承诺的影响关系中存在完全中介作用。

Kuvaas 和 Dysvik（2010）以挪威服务型组织838名员工为样本，探讨了高绩效人力资源管理与员工绩效的关系。研究结果发现，内在动机在员工感知到的授权、信息分享对员工绩效的影响中存在调节作用。

Rebecca（2013）探讨了大型多元化食品服务公司高绩效人力资源管理与员工态度及行为的关系。实证研究结果显示，员工感知的工作团队中高绩效人力资源管理及员工旷工、留职意愿及组织公民行为存在正向相关关系，在高绩效人力资源管理与组织公民行为的相关关系中存在情感承诺的部分中介作用，而在高绩效人力资源管理与留职意愿的相关关系中存在情感承诺的完全中介作用。

国内学者在这一领域也做了有益的探讨。

张一弛和李书玲（2008）以我国医药企业为样本，研究发现企业的战略实施能力在高绩效人力资源管理与企业绩效的关系中起到中介作用。

陈云云、方芳、张一弛（2009）基于战略人力资源管理理论和人力资本理论，探讨了高绩效人力资源管理实践、员工的人力资本投资意愿及员工绩效的关系。实证结果发现，专用性人力资本投资意愿在员工感知的高绩效人力资源政策水平和员工绩效之间存在中介作用。在企业层面上已有研究也发现，人力资本在高绩效人力资源管理与公司绩效之间存在中介作用（Becker et al，1997；Youndt et al，2004）。

孙健敏等（2009）研究证实，企业所有制性质在高绩效人力资源管理与员工满意度的影响关系中存在调节作用。

阎海峰等（2010）研究发现，知识分享在承诺型人力资源管理实践和组织创新之间起到部分中介作用。

魏峰（2011）采用42家企业的人力资源负责人与其402名员工的配对数据，通过多层分析方法，对高绩效人力资源管理、心理契约破裂和互动公正影响组织认同的被中介的调节作用模型进行了检验。结果发现，人力资源实践中的内部流动和激励性薪酬正向显著影响组织认同，人员甄选和广泛培训显著负面影响组织认同；互动公正在内部流动或激励性薪酬对组织认同的影响关系中起到调节作用，即在互动公正较低的组织中，内部流动或激励性薪酬对组织认同的影响作用较互动公正高的组织强；互动公正对内部流动或激励性薪酬与组织认同关系的调节效应以心理契约破裂为完全中介。

王林等(2011)实证研究了新兴市场企业高绩效人力资源管理对新产品成功的影响机制，发现动态能力在高绩效人力资源管理影响新产品成功的关系中起到部分中介作用；环境动态性对高绩效人力资源管理与新产品成功直接和间接关系以及总的关系中均存在显著负向调节作用。

秦剑（2012）考察了高绩效工作实践系统和知识扩散对跨国公司在华突破性产品创新的影响关系，实证结果揭示了高绩效工作系统的三种实践——工作轮换、员工培训和跨部门沟通对突破性产品创新的前置效应以及知识扩散对突破性产品创新与企业绩效的传导机制。

周非等（2012）实证研究表明，在高绩效人力资源管理对员工工作行为的影响中心理资本起到部分中介作用。

程德俊等（2011a，2011b，2006a，2006b）的系列研究发现，探讨了组织信任、认知信任、情感信任、所有制形式、环境动态性及人力资源专用性在高绩效人力资源管理与企业绩效关系中的作用，从而探讨了高绩效人力资源管理影响组织绩效的作用机制。他们的研究发现，高绩效人力资源管理在国有企业和民营企业中的表现形式以及发挥的作用是不同的。这一结论说明，所有制形式是高绩效人力资源管理和企业绩效之间关系的重要调节变量；高参与工作系统通过人力资源专用性对企业绩效产生影响，环境动态性对高参与工作系统和企业绩效关系具有调节作用；高绩效工作系统通过认知信任和情感信任对组织公民行为产生积极影响，同时，分配公平感在认知信任和情感信任与组织公民行为之间的相关关系中存在调节作用；高绩效人力资源管理对企业绩效具有正向影响作用，组织信任在高绩效人力资源管理与企业绩效之间的关系中起到一定程度的中介作用，而利用式学习战略也在高绩效人力资源管理与组织信任之间的关系中起到正向调节作用。

二、高绩效人力资源管理结果效应的影响因素

MacDuffie（1995）认为人力资源管理系统要能改善组织绩效，必须具备三个要素：员工必须具备相当的知识和技能；人力资源管理实践活动必须能激励员工充分发挥他们的知识和技能；必须能让员工自主地帮助组织实现目标。

张一驰和张正堂（2004）也认为，笼统地讨论高绩效人力资源管理对企业绩效有何影响是没有实质性价值的，也就是高绩效人力资源管理对企业绩效的影响是有条件的。他们认为，只有人力资源管理、技术及经济三个方面的条件同时具备，高绩效人力资源管理体系才能通过提高员工工作的意愿，最终对企业的财务绩效产生积极影响。

战略人力资源管理的几种基础理论解释了高绩效人力资源管理对企业绩效的影响效应及作用机制，权变观明确强调了高绩效人力资源管理结果效应的情境适用性，现有文献已发现不少情境因素对高绩效人力资源管理的结果效应会产生影响，如法律、政治、工会、劳动力市场、产业特征和国家文化等外部环境因素以及竞争战略、生产技术、组织结构、规模和发

展阶段等内部因素均会显著影响高绩效人力资源管理的结果效应（Jackson，1995）。

1. 企业发展战略

按照战略人力资源管理理论的观点，只有人力资源管理系统与企业战略相匹配，才能对企业绩效产生积极影响。Porter（1985）将企业战略的类型划分为三种，即成本领先战略（cost leadership）、差异化战略（differentiation）和聚焦战略（focus）。参考 Porter 的战略分类，Schuler 和 Jackson（1987）采用与 Porter 不同的分类标准，将企业战略分为成本型（cost reduction）、创新型（innovation）和质量型（quality enhancement）三种战略。他们的研究构建了与这三种战略类型相匹配的人力资源管理系统。其中，成本型战略与控制型的人力资源管理系统相匹配，因为采用成本型战略的企业为追求成本最小化，倾向于以严密的控制和规章制度来规范员工的行为，采用控制型的人力资源管理系统与之相适应；创新型战略与承诺型的人力资源管理系统相匹配，原因是采用创新型战略的企业必须能够迅速地对市场需求做出反应，员工需要具备创新能力和应变能力，而承诺型的人力资源管理系统，强调多样化的员工培训和发展机会，注重员工参与企业管理，不断强化员工对企业的承诺，可以满足这种战略的要求；质量型战略与以团队为基础的人力资源管理系统相匹配，因为采取质量型战略的企业需要员工的互相合作和信息共享，其人力资源管理系统必须以团队为基础。

不同的企业战略对人力资源管理会提出不同的要求。创新型战略要求企业给员工更多的工作保障、采取长期导向的雇佣政策（Schuler et al，1987）；差异化战略要求企业招聘高技能的员工、进行大量的培训（Youndt et al，1996）；而采用成本领先战略的企业倾向于采用与标准化流程相关的管理实践，高投入的人力资源管理实践、员工参与管理、信息分享、工作保障等都会大幅减少（Youndt et al，1996）。实证研究表明，战略对人力资源管理系统与企业绩效的相关性起到了明显的调节作用。当企业采用强调质量的制造战略时，人力资本提升型的人力资源管理系统与企业的运作效率存在显著正相关关系（Youndt et al，1996），而高绩效人力资源管理实践及其与企业战略整合的程度会对组织绩效产生积极的影响（范秀成和比约克曼，2003）。徐国华等（2005）以上海、江苏和广东三地 122 家制造企业为样本，实证检验了中国情境下制造企业的支持性人力资源实践与企业绩效的关系，以及不同柔性战略对这种关系的调节作用。他们的研究结果表明，支持性人力资源实践与企业绩效有普遍的联系，新产品柔性战略对这种关系没有表现出调节作用，而市场调整柔性战略则表现出较明显的调节作用。

2. 行业特征、企业规模及发展阶段

蒋春燕和赵曙明（2004）通过对 248 家香港企业的调查，分析了非西方环境下企业特征、人力资源管理实践与企业绩效的关系。他们的研究结果表明，行业性质和企业规模是人力资源管理实践的重要决定因素。Batt（2002）对呼叫中心的研究也得出，高投入工作系统的效果和员工所服务的客户类型有关。行业的成长性产品的差异性、以及资本密集程度对高绩效人力资源管理的效果起到明显的调节作用（Datta et al，2005）。规模大的企业更倾向于采用员工参与管理（Lawler，1992），也倾向于更多的培训和更为发达的内部劳动力市场（Saari et al，1988）。企业发展阶段也是影响高绩效人力资源管理结果效应的重要变量，在企业快速发展阶段，员工招聘和选拔被认为是最重要的人力资源职能（Buller et al，1993），而步入成熟期后，企业则更关注内部劳动力市场建设（Jackson et al，1995）。Datta，Guthrie and Wright（2005）将资源基础观融合到情境理论中，认为在高绩效人力资源管理与员工生产率两者的关系中，行业特征存在重要的影响作用。

事实上，中小企业高绩效人力资源管理面临更多阻力。首先是路径依赖性。所谓路径依赖，就是过去的事情继续影响或约束着当前的决策和行动，任何企业的人力资源管理在发展过程中均会受到方方面面的影响，这些因企业的历史而形成的特色构成了当前变革的阻力。高绩效人力资源管理的显著特征是绩效标准与企业战略的关联，在中小企业传统的人力资源管理中，虽然也会强调高绩效，但缺乏战略关联性，脱离企业战略的所谓的高绩效人力资源管理一定是徒有虚名的。另外，人力资源管理策略存在情境适用性，需要策略间不同类型的匹配，高绩效人力资源管理是一个系统，单个人力资源实践只有在其他人力资源实践的配合下才能发挥作用（Guest，1997），而中小企业普遍缺乏系统性的人力资源管理策略设计。

王雪莉等（2015）以中国 10 家行业领先企业为对象的多案例研究发现，中国优秀企业人力资源管理工作和人力资源管理部门的角色大体经历过三个阶段：

第一阶段，经验化、简单粗放的人事管理阶段。这一阶段一般为企业创立之初的 1 ~ 5 年，表现为人事行政职能的履行。企业还没有系统的人力资源规划、绩效管理、培训开发等职能，人力资源管理主要是凭借高管的经验和个人判断进行。

第二阶段，人力资源管理的系统化阶段。随着企业资产及经营规模逐步扩大，人力资源管理开始向系统化、规范化、专业化发展。这一阶段因各个企业的不同发展状况经历的时间长短不等，一般为 5 ~ 20 年。在人力资源管理发展的这一阶段，企业着重构建科学合理的岗位体系和各项规章制度，明确各部门职能及岗位工作标准，健全包含员工招聘甄选、培训开发、薪酬与绩效等职能活动的人力资源管理系统，为各项工作顺利开展奠定基础。

第三阶段，战略人力资源管理阶段。经过人力资源管理的系统化阶段后，企业逐渐开始强调人力资源管理部门的战略地位，将人力资源管理体系与企业战略相结合，根据企业发展战略来制订相应的人力资源战略与规划，并从政策措施及人力资源管理实践等层面进一步具体化，反映了与战略相匹配的人力资源管理实践发展路径。这一阶段的人力资源管理部门已经上升为战略合作部门，成为企业战略实施的重要支撑力量。该阶段的人力资源管理工作，首先是企业内部特别是管理层要认识到人力资源对企业的关键作用，其次是进一步将人力资源管理工作精细化、专业化、标准化、流程化、信息化及系统化。显然，企业发展的不同阶段所采用的人力资源管理实践是不同的。企业在发展初期往往只关注动机增强型人力资源管理实践，通常的做法是用有竞争力的薪酬、奖金、福利以及晋升空间来吸引和留住人才。随着企业的发展，企业管理者逐步意识到技能增强型和机会增强型人力资源管理实践的重要作用，企业人力资源部门及人力资源管理实践除了提高员工工作动机外，还须加强员工技能的提升并为其提供机会平台。

3. 人力资源管理水平

苏中兴（2010）的实证研究发现，员工竞争流动和纪律管理、结果导向的考核、严格的员工招聘等方面的人力资源实践对中国企业绩效的影响显著，而员工参与管理、广泛培训、内部劳动力市场、信息分享等典型的西方高绩效人力资源管理对中国企业绩效的影响相对较弱。他认为，中国企业的高绩效人力资源管理既包含一些以承诺为导向的西方高绩效工作实践，也包含一些以控制为导向的本土人力资源实践，即承诺与控制相结合。这一研究结论说明，高绩效人力资源管理的有效性不能脱离特定的管理情境和经济社会发展阶段。张正堂（2006）结合自己的实证研究结果，认为中国企业的管理水平比较低，因此，人力资源管理活动对企业绩效没有产生显著的影响。说明企业管理水平是高绩效人力资源管理结果效应的重要影响因素。刘善仕等（2005）对中国华南地区 83 家连锁店的人力资源管理实践与组织绩效进行了调查分析。结果显示，各项人力资源实践对利润率、市场份额和销售增长均没有显著影响，而信息共享和参与对利润率产生了显著的负面影响。他们认为，没有相关性的一个可能的原因是中国连锁行业目前的人力资源管理还停留在早期阶段，人力资源仅仅扮演着低价值的附加活动的管理角色。同样说明，企业人力资源管理水平是高绩效人力资源管理能否给企业带来高绩效的重要影响因素。

4. 人力资本的重要性

张一驰等（2004）研究认为，高绩效人力资源管理能否对企业绩效产生积极的作用，首先要考虑人力资本在企业价值创造中的潜在贡献度。Marchington et al（2000）认为，如果企业的价值创造主要来源于人力资本，那么高绩效人力资源管理更有可能对企业绩效产生积极影响。相反，在以低价格和标准化为竞争元素的劳动密集型产业中，传统的以控制为导向的人力资源管理模式更有存在的合理性。

5. 个体差异

企业实践中，即使是相同的人力资源管理政策，不同员工也可能会有不同的感受和理解，即企业实施的相同的人力资源管理实践可能因为员工的感知而呈现差异。因此，探讨高绩效人力资源管理的结果效应，就应该关注员工个人对企业中人力资源管理实践感知的个体差异（Gerhart et al，2000）。张一驰等（2004）认为，高绩效人力资源管理对企业绩效的影响，首先表现在人力资源效率上，而人力资源效率的改变通常是员工工作态度即努力程度改变的结果。Tsui et al，（1997）研究认为，高绩效人力资源管理对企业核心员工绩效的提升更为重要。有学者也建议，研究者应从员工个体的层次来分析高绩效人力资源管理对员工及企业绩效的影响（Wright et al，2002），其理由正是因为高绩效人力资源管理的结果效应存在个体差异性。因此，在研究高绩效人力资源管理对员工及企业绩效的影响时，认识到组织宣称的与实际执行的人力资源政策的不一致性是非常重要的（Wright et al，2002）。

第六章　基于合作导向的企业高绩效人力资源管理

20 世纪 80 年代以来，随着技术进步的加快和全球范围市场竞争更趋激烈，企业发展中人力资本的战略价值日益凸显。本章以合作导向为指导，探究了人力资本的合作导向、合作导向的人力资源实践、基于合作导向的企业高绩效人力资源管理研究三方面的内容。

第一节　人力资本的合作导向

一、人力资本的含义

人力资本在经济学中是一个旧有的概念，但却是一个较新的研究领域。其中心思想是，人的能力在很大程度上是后天获得的，或通过在家庭与学校接受非正规与正规的教育，通过培训、经验以及劳动市场上的流动而开发出来的。这些活动是要耗费成本的，因为它们既涉及由学生、受培训者以及在劳动市场上流动的就业者直接支出的费用，也牵涉这些人为从事学习、接受培训、实行人力流动所放弃的挣得或消费。由于得自于这些活动的收益主要是在未来逐渐增长的，并且其大部分是相当持久的，因此这种通过耗费成本获得人的能力的活动便是一种投资行为。健康状况的衰退和技能的损蚀或陈旧代表了人力资本的折旧，这些折旧通过保健和再培训这类维护活动而得到补偿（尽管不是无限期的补偿）。

如同亚当 · 斯密在很久以前指出的，在人力资源投资方面所涉及的概念与有关物质资本投资的经济学概念基本上是一样的。由此，经济分析的标准工具便能够被应用于范围广泛的人类活动，而不论这些活动是否采取明确的市场交易的形式。这一认识是朝向消除有关人类行为科学的几个领域之间的传统界限迈出的令人可喜的一步。在教育领域也像在其他领域一样，此种进展仅仅是最近才有的事。无论是知识界对于经济简化方法的担心，还是人们对于将劳动视为“机器”的道德上的愤怒，都限制了这种进步，因而使得有关人力资本的现代分析和经济计量研究的出现不过 30 多年。然而，此种分析和研究的增长已出现可证实的大规模势头却可以从以近乎爆炸式增长的文献目录中观察出来。

各种散乱的研究文献的急剧增长已经超过了单个人理解和综合评述它们的能力。我的任务在某种程度上说是更可操作的，因为本篇综述仅限于研究人力资本对绩效的影响。不过，需要注意，人力资本的概念是比学校教育更广泛的，因而不能为了分析的目的而将前者简单地归于后者。由于学校教育仅仅是几个相关的人力资本形式之一，所以当这些其他形式的人力资本被忽视时，学校教育的影响作用也不能被分离出来。

一般而言，可以按照某种生命周期额年表来表述人力资本投资的一般范畴。比如说在童年时代（正式入学之前），有一部分资源会用于儿童保育和儿童智力开发，也就是说，在这方面的投资就是学龄前投资。而在儿童接受学校教育之后，学校教育对儿童也是一种投资，这与入学校之前的投资相重叠，并达到最终两者的相互融合。而对于一个职员而言，整个工作寿命期就包含了工作选择、职业培训、工作努力以及职员作为劳动力市场上的一员的流动。

二、专用性与通用性人力资本

人力资本是指个人通过教育、培训和经验获得的知识、技能和专业技术，经常被认为是一种无形的资源，有助于公司的业绩和优势（Becker，1962），通常分为通用性和专用性两类（Becker，1964）。人力资本专用性的概念最早起源于资产专用性（Williamson et al，1975），指在不牺牲生产价值的条件下，资产可用于不同用途和由不同使用者利用的程度。具备专用性质的资产就称为专用性资产。人力资本专用性同样是指一个人的知识、技能和经验对组织来说罕见或独特的程度（Hatch，Dyer，2004）。在很大程度上，专用性人力资本是一种默契，需要通过行动来学习，是在工作环境中发展起来的能力（Castanias，Helfat，1991）。通用性人力资本指员工掌握的技能在其他企业同样适用，不受特定行业、企业和岗位的限制。

在过去几十年间，学者们对人力资本类型又进行了拓展，将人力资本进行了若干子类别的划分，如管理（执行）人力资本、行业专用性人力资本、合作伙伴专用性人力资本、职业专用性人力资本以及企业专用性人力资本。管理人力资本受个人的教育与职业生涯影响，使个体能够提供战略方向、向员工传达组织价值观和激励、实现组织范围内功能等（Gioia，Thomas，1996）。有关行业专用性人力资本就是指特定于某行业或领域的知识，可以在具有相同行业领域的公司集中重新部署（Castanias，Helfat，1991）。如员工具有特定的外部伙伴关系，如供应商、客户或联盟伙伴，也可以开发成为特定于合作伙伴关系的人力资本。职业专用性人力资本是指与某一专业或知识领域（如法律、会计、软件工程）相关的知识和技能，适用于各种行业环境（Mayer et al，2012）。一些员工在企业工作过程中形成了与特定企业和岗位相关联的知识和技能，一旦该员工离开企业，其人力资本价值会大大降低（程德俊，2003），这就是企业专用性人力资本。战略学者强调企业特有的人力资本是企业持续竞争优势的源泉，企业专用性人力资本越高，为企业带来的价值越大（Barney，1991）。一般来讲，专用性人力资本应该包括与企业特定相关的知识、技能、生产流程与沟通、人际关系技能四个主要方面（程德俊，2003）。虽然不同类型人力资本的覆盖范围与使用对象不同，但相互之间并不是对立与并列的关系，而存在着嵌套与重合。

此外，人力资本也可以根据员工整体素质或能力水平加以区分。与所在领域的平均水平相比，那些显著高于一般水平的员工通常拥有更高的教育水平、技能和经验，被称为“明星”员工，“明星员工”具有较高的流动性（Groysberg，Lee，Nanda，2008）。另有学者在人力资本之外提出“关系资本”，即能够为企业带来竞争优势的“根植于关系中的资源”，由于关系资本是关系双方所共享的，个人从一个组织向另一个组织的转移改变了个人可以参与的潜在关系集从而在一定程度上扰乱了员工流动（Mawdsley，Somaya，2015）。

三、客观的与感知的人力资本

根据人力资本理论，人力资本的独特性、价值性和难以替代性等都能成为企业绩效的影响因素。但是这是建立在信息的有效性与员工对企业专用性的无偏感知基础上的。从认知心理学角度来看，人在判断中会存在感知偏差，与战略文献中的预期形成对比。理论上，公司特有的技能（外部价值较低）会在员工当前工作的价值和他们的下一个最佳选择之间造成差距。这些收益被认为是在员工和公司之间共享的，并且阻碍了流动性，因为其他公司会提供更低的工资（Becker，1964 ）。因此，企业专用性人力资本反映了维持优势并允许企业适当利用部分创造价值的基本知识（CofF，1997 ）。但是这就要求，劳动力市场上具有信息准确性，并且员工对自己的通用性人力资本与企业专用性人力资本的感知无偏差。

事实上，有学者发现，在实践中人力资本本身的类型并不是非常重要，关键在于企业、员工和竞争对手对人力资本的感知。即使员工自身的人力资本是通用的，但如果自身、企业和竞争对手感知到该人力资本是专用的，也可能为企业创造竞争优势（Coff，Raffiee，2015）。员工与雇主之间的信息差异通过使员工感知成本低、收益高，从而为企业带来了租金优势。所以我们关注的重点应该是员工感知的专用性人力资本，因为感知是最终驱动行为的因素（Adams，1963；Vroom，1964）。

员工感知的人力资本专用性基于客观的人力资本专用性之上，并受到信息有效性与感知偏差的影响，虽然客观的专用性人力资本与感知的客观专用性人力资本的前因变量不完全一致（Raffiee，Coff，2014 ），但两者之间存在着实践中的关联性。有学者将感知的人力资本专用性与组织承诺、工作满意度联系起来（Akinsanmi et al，2016 ）。刘苹（2014）通过对289 名银行主管与员工调研，发现人力资本投资通过影响员工对人力资本投资的感知影响了员工组织承诺，证实了人力资本投资与人力资本投资感知的正向关系。专用性的人力资本投资意愿也被认为是影响高绩效人力资源管理与企业绩效的关系的重要中介机制（陈云云等，2009）。员工感知的企业专用性人力资本可能以现有理论无法预测的方式驱动着行为。

多种类型人力资本之间能够实现协同作用。员工既持有特殊性技能，也持有一般性技能，当员工评估自己技能在公司的特殊性时，技能集中体现在特定和一般之间，而不是单纯的两者之间（B ecker，1964）。众多研究表明，当员工专用性人力资本高的时候往往会为企业带来持续的竞争优势，当员工其他人力资本高的时候，必然会带来员工通用性技能的提高，带来员工更高的流动。即便如此，为何企业还要对员工进行培训，不断提高员工人力资本呢？员工某一单一类别人力资本很难独立发挥绝对的作用，只有与其他的产品、声誉、市场等其他类人力资本共同配合的时候才能够产生价值。因此，在提高员工感知到的专用性人力资本的同时，需要同时提高其其他类型技能，使各类人力资本产生协同作用以创造更高的价值。也就是说，虽然某些员工自身的人力资本可以转移到其他竞争对手那里，但企业可以通过提高其他资本的水平和价值，创造出新的价值。

四、人力资本的特征

（一）人力资本与所有者不可分离

一般而言，提及资本马上会让人想起农业资本和工业资本，事实上也是如此，如一些工业或农业资本的组成，比如说货币、厂房、机器设备、原材料等，不难发现，传统的资本中都有实物作为载体。而这些资本的另外一个特点就是，可以脱离所有者而存在。人力资本与这两者截然不同，这是一个怎样的不同呢？下面来进行解释。那就是，人力资本与人自身有关，知识和技能蕴藏于人体之中，因而人力资本与所有者是一体的，而这个所有者就是知识工作者。经过教育、培训以及事件等活动，知识工作者的知识和技能得到了提高，而所有的资本都储存在人的大脑中，因而，人力资本的载体是活生生的人，而非死板的物体。也就是说，人力资本是一种有意识的存在，而这正是人力资本的最基本特点。

（二）人力资本具有生物性和生命性

上文已经讲到过，传统的人力资本是以物为载体的，这些物不是生物，没有生命，而人力资本不同，它是以人为载体的，人是生物，具有生命，这决定了人力资本具有生物性和生命性。人力资本是可以调控、可以增强，通过后天的培训和实践进行培养的，不是物化的，是灵活的有生命的，这一点也是人力资本与其他任何形式资本的最重要的区别。独特的生物性和生命性决定了人力资本许多与众不同的特性。

（三）人力资本可独立于固定资本发挥作用

人力资本最终归结到人的知识和技能，这些知识和技能主要储存在人的大脑之中，在需要的时候，被拿出来使用，知识和技能的发挥运用在于人的把握，在于人的主观能动性的发挥，可以说，人力资本的发挥并不依赖于企业的劳动工具——固定资本。当然，人力资本不同于普通的劳动力，普通的劳动力只有同生产资料相结合才能创造价值，而人力资本并非这样。例如：管理者、程序设计员、工程师，他们的工作是与任务相联系，用脑进行工作，无需企业的工具，而普通劳动力则不需要多动脑子，只要按照指令机械地进行操作就可以了。

（四）人力资源具有无形性

人力资本贮藏于人脑中，不同于一个摆在眼前的实物，它是不可见的，当人力资本发挥效力时，人们方能感受到人力资本的作用。当然，这种作用有外显的和内在的，因此无法直接将人力资本进行比较和测度。但是，与一些无形资产的无形性不同的是，人力资本是有意识的投资，同时有严格的时间性，它可以与企业等组织相分离，可以从成本和收益来反映它的存在。

（五）人力资本具有可交易性

通俗来讲，可交易性就是可交换性的另一种说法。对于人力资本的特性而言，指的是人力资本产权能够在不同主体之间发生让渡，当然，在具体的让渡过程中，必须合理有序。人力资本不仅具有可交易性，同时还具有排他性，也就是说，人力资本产权的让渡不是无限制、无条件的，正是这个排他性，使产权让渡的过程中减少了许多不确定性，进而保障了让渡的稳定性。人力资本可交易性的作用在于，有效地调整了人力资本产权格局，人力资本一直保持一种并不利于企业的发展，此时就需要人力资本产权的转换，很显然，正是因为人力资本的可交易性，人力资本配置效率才得到了提高，人力资本产权功能才得以实现。追求利益最大化的动机促使人力资本所有者通过交易主动出让一部分权利。

（六）人力资本没有沉没性

在知识经济条件下，无论是知识的使用方式、使用地点、使用时间，还是知识的流动都随着人力资本所有者的意志而发生改变，人力资本所有者，也就是知识分子对于人力资本扮演着主要决策者的角色。而人力资本的雇主对这些的影响则越来越小。由于人力资本的生物性和生命性，这决定了人力资本可以毫无损耗地随知识工作者转移，即使发生了新的配置，人力资本也不会沉默，而且在新的配置时成本很低。

（七）人力资本具有风险性

任何资本投资都有风险性，作为众多资本的一种的人力资本也不例外。由于资本具有耐久性，不可能随随便便就发生改变，但外界的环境条件却时时刻刻发生着变化，多样化的市场条件下，资本无法做到以不变应万变，这就决定了资本投资的风险性。一般而言，资本的投资风险包括两类：盈利下降的风险和破产风险。放眼整个世界，技术发生着日新月异的改变，竞争越发激烈，为了不断适应变化的环境赢得最终的生存，企业不断调整着内部结构，整个产业结构也不断发生着调整。在这个过程中，这种附着于人自身的资本也同样面临劳动力市场需求变动所带来的不确定性，而人力资本与其所有者的一体化又决定了人力资本所有者很难通过进入资本市场转让或分散资本所有权来降低投资风险。例如：企业为了发展势必会对员工进行专业的培训，而通过培训，员工的知识和技能得到提高，这又意味着员工随时会有跳槽的可能。这样看来，人力资本投资的风险非但没有减少，反而大大地增加了，甚至在一定意义上远远超过物质资本投资带来的风险。

通过对以上人力资源与人力资本的分析，可将人力资源与人力资本的差异总结为下表（表6-1）。

表6-1 人力资源与人力资本的概念比较

项目	人力资源	人力资本
内涵不同	人力资源是指经过开发形成一定的能力，强调要充分挖掘人的内在能力，并将这些能力发挥出来，这种内在的能力是早已存在于人体内的，并不存在增值的问题	人力资本指通过一定的投资形成的、存在人体中的能力和知识的资本形式，强调通过投资而获得能力，而投资所付出的代价会在使用中得到增值，以更大的价值得到回报
外延不同	人力资源是一个宏观的、概括性的范畴，具有层次性，既包括自然人力资源，又包括经培训才能上岗的、从事复杂劳动的劳动者的能力和知识	人力资本只是人力资源中全部教育性投资的凝固，仅指从事复杂劳动的能力和知识。正是因为如此，在一个劳动力众多的国家，人力资源丰富，但由于知识水平和能力比较低，因而人力资本总量却很贫乏
强调重点不同	人力资源强调劳动者的数量，而对劳动者的素质重视不足，即只注重劳动的量，而忽视了劳动的非同质性	人力资本强调劳动的非同质性，即劳动力的素质

五、人力资本的价值

谈到衡量人的价值，就必须承认这个问题具有两面性：经济价值和精神价值。我们可以接受人的内在精神价值，并侧重研究其经济价值。事实上，所有对价值贡献的衡量，正是对作为经济个体和精神存在的人力价值进行衡量只有人在运用其固有的人文精神、激励姿态、已知技能和工具操作时，才能创造出价值。

此外，我们还必须应付所谓“只有标准财务信息才是精确的”神话。因为我们实施复式记账法已有500年历史，我们逐渐相信财务报表上的数据是真的。这不是特殊个案，而是客观存在的，但很少是真实的。在资产负债表上只有一个数字可证明是真实的，那就是第一资本：现金。其他所有的数字都掺杂了希望、约定和期待的成分。实际上，我们已构建了一个随时可按照财会标准委员会（FASB）的决策而改变的财务体系。我们愿意承认：在符合这一体系框架的范围内，这种财务体系或多或少能告诉我们过去一个时期的财务状况，但其中的数据和人们已知的信息一模一样，每一个经营者都知道这种信息是经过人为加工的。

第二节　合作导向的人力资源实践

对高绩效人力资源实践结构的划分，学术界一直存在着争议，主要是由于具体管理情境的不同，企业所采取的高绩效实践也存在着差异。苏中兴（2010）根据中国情境下的产业结构、劳动力状况，提出了高绩效人力资源管理实践应该包括控制型与承诺型两类，控制导向实践强调通过严格的管理如严格的招聘与考核、纪律管理等提升绩效；承诺型实践包括广泛的信息分享、培训与发展、员工参与、薪酬管理等方面，通过组织与员工之间的社会交换提升员工组织承诺进而实现组织绩效。其中，承诺导向实践被认为是高绩效人力资源系统发挥作用的重要机制。

在文化影响之外，企业所处行业作为重要的管理情境同样对高绩效人力资源实践特征有重要影响。根据高科技创业企业需要解决的问题互相依赖性以及知识来源，高科技企业内部除控制型、承诺型结构之外也存在着合作型（共同体）的组织结构（Felin，Zenger，2014）。合作型人力资源系统重视组织中非正式与正式关系的构建，通过建立员工间的互动模式和社会关系网络管理组织内部的社会资本（王红椿等，2015）。合作型人力资源系统是由于内部资产合作专用性的存在与难以模仿性，创造了企业租金（Chadwick，Dabu，2009），这与层级型、承诺型人力资源系统依赖于独特资源是不同的，承诺型与合作型系统分别依托专用性人力资本与通用性人力资本。因此，合作型人力资源系统中的人才往往掌握着丰富的知识与技能，强调了员工技能与企业内部的合作与适配。该系统下人才具备职业选择的多种可能性，创业导向、挑战性工作都成为其重要的激励因素。

国内学者（陈国权，陈艳翎，2017）较早基于 AMO 理论对合作型人力资源管理系统进行了研究，从选拔合作性员工、培训活动、绩效评估和薪酬、奖励内部合作等人力资源实践环节进行了阐述。国内学者（王红椿等，2015）从社会资本理论的视角来解释，从社会资本认知、情感及关系提出了“提高合作能力”“激发合作动机”“提供合作机会”的三个维度，在其实际测量中主要侧重于招聘合作性的员工、提供培训、奖励合作性行为、团队内沟通方面。

一、合作导向人力资源实践与客观专用性人力资本

高科技创业企业由于其知识模块化、结构化，人员通用性高等特点，其内部高绩效人力资源系统兼具控制型、承诺型、合作型的特征。其中合作导向的人力资源实践从信息分享、团队合作、知识培训、挑战性工作等多个角度影响了员工的专用性人力资本及对专用性人力资本的感知。

首先，合作导向的人力资源实践在员工招聘阶段就会选择合作性强、有较高潜力的专业

化知识人才，且重视组织中正式与非正式关系的构建，意味着合作导向的人力资源实践更倾向于选择那些企业专用性人力资本投入低而行业专用性、通用性人力资本高的员工，因为这些员工身上具备大量的通用性知识技能，能够为企业带来行业最新的知识技术，加强了企业与外部的知识信息交流。其次，高科技企业将资源配置倾斜到与员工开展有效合作所需的知识、技能、态度上（王红椿等，2015），而企业内部的工作设计是以产品创新与生产为导向，这就使得员工培训所获得知识技能以模块化产品为导向，更多呈现出一种行业专用性而非企业专用性特征，员工对行业专用性的人力资本投资甚至会对企业专用性投资产生挤出效应。此外，合作导向的人力资源实践强调了企业内外部关系网络的构建，广泛的信息互动也促进了员工行业知识的获得。因此高科技企业合作导向高绩效人力资源实践越强，可能企业员工所持有的企业专用性人力资本越低、行业专用性人力资本越高。

根据人力资本理论，企业与员工在人力资本上的投资能够提升其知识、技能，进而提高个人生产力，带来企业绩效的提升。合作导向实践通过员工招聘、培训等手段选择了行业专用性高、企业专用性人力资本低的员工。同时通过建立共享的心智模型、有效的员工互动模式，促进了高行业专用性个体间知识、信息的分享与流动，推动组织内资源和信息有效利用和流动，带来企业目标的实现。另一方面，员工持有的行业专用性人力资本是特定于某行业或领域的知识，而单独的某一项人力资本类型很难发挥出作用，多种类型的人力资本协同作用时，才能创造出更高的价值。因此行业专用性人力资本的存在使其能够与员工其他人力资本类型达到协同效果，促进组织目标的实现。故而本文认为，高绩效人力资源实践能够通过影响企业行业专用性人力资本影响企业绩效。

企业专用性人力资本是员工在企业工作过程中形成的与企业相关联的知识、技能和关系，员工通过在企业人力资本专用性上进行投资，提高生产力，提升了在企业中的价值与适应性。这是通常情况下企业专用性人力资本通过提高生产力带来企业绩效的一个解释逻辑，例如：Le，S. A. 等人（Le，S A et al，2013）在研究中发现，专用性人力资本流失对企业绩效会产生负面影响。但考虑到高科技企业人员知识结构特殊性，行业对员工企业专用性技能的依赖较低，对通用性知识技能的要求较高，企业专用性人力资本对企业来说可能并没有那么重要，甚至企业更倾向于员工将更多的时间、精力等投入到其他类型如行业、通用性技能上，因为这些通用性技能能够更好地与企业岗位相适配，完成组织目标。因此，本文认为，合作导向的高绩效人力资源实践通过降低员工企业专用性人力资本增强了企业绩效。

二、合作导向人力资源实践与感知专用性人力资本

合作导向的人力资源实践可以从信息分享水平、公司认同感、员工共享等方式改变员工的认知，提高员工感知的人力资本专用性。合作导向的人力资源实践强调了企业间的知识、信息的分享与团队合作，人力资源实践在企业内建立了共享的心智模型与共同的价值观。根据社会资本理论，广泛的信息互动加强了知识与信息流动的准确性与有效性，增强了组织的协同效应，从而为员工带来更高的情感承诺与员工态度。企业通过建立信任的共享治理

机制（员工持股、关系治理等）向员工发出可信的承诺，可以缓解员工的顾虑（Wang et al，2009）而且合作导向的人力资源实践强调通过关系治理来留住员工，这种关系是建立在契约双方之间、通过更多的合作能够带来互惠互赢的基础之上的（ Ling et al，2013 ）。根据认知心理学，认知受到信息有效性与感知偏差的影响，高绩效人力资源实践能够从多个方面改变员工认知，增加其感知的人力资本专用性。

此外，从社会资本理论出发，合作导向人力资源实践，可以从“提高合作能力”“激发合作动机”“提供合作机会”三个维度促进组织绩效（王红椿等,2015），组织内网络的构架、亲密关系的建立、信息的有效传播以及共享的心智模式等对于吸引和留住通用性员工有积极的作用，从而带来绩效增长。事实上，企业内部建立的正式与非正式关系，对员工进行合作性的知识、技能、态度方面的培训，对员工工作与技能的调整也增加了员工与企业间的默契，增强了员工与岗位之间的契合程度，促进了资源与信息的有效流通，使员工在工作中拥有更好地发挥自身潜力的机会（Nickerson，Zenger，2004），而员工持有的通用性技能能够带来企业绩效的增长。高绩效人力系统中合作导向的人力资源实践通过信息分享、关系构建、组织培训等带来了员工感知企业专用性人力资本的增加，感知的企业专用性人力资本提高了员工的组织信任，促进了双方关系契约的建立。基于互利互惠的考虑，员工为了获取更高的投资回报，会增加对工作的情感与精力上的投入，使得员工持有的通用性人力资本发挥更大的价值，进一步影响企业绩效。

第三节　基于合作导向的企业高绩效人力资源管理研究

一、合作导向人力资源实践与人力资本

高科技企业高绩效人力资源合作导向的实践能够带来员工感知专用性人力资本的增加，员工与岗位的高度契合及企业内部信息有效流动均提高了信息交流的有效性，减少了员工对人力资本的感知误差。所以在合作导向人力资源实践的影响下，员工感知的专用性人力资本较高。事实上，感知是驱动员工行为的最直接因素，且随着经济经营环境的变化，员工对稳定性的追求已经有很大削弱，甚至很多员工为了不被企业套牢而不愿进行专用性人力资本投资，这给到我们启示，即员工感知到的人力资本类型应该被给予更多的关注。即使一个员工的技能是通用性的，但如果他所感知的资本类型是专用性的，那么他也会与企业建立关系契约。

当企业对员工进行培训的时候，往往掺杂着多种类型的知识技能，员工很难从培训内容中分辨出通用性与专用性技能，因此，员工从培训环节中所感知到的知识结构与企业想要传达给员工的信息之间就会存在偏差。认知心理学也表明，由于选择支持偏见与认知失调的存在，员工感知的人力资本与客观的人力资本之间存在着差异。如何消除这种感知偏差或者说

如何利用这种偏差是管理实践中可以进一步思考的问题。

此外，结果表明合作导向的人力资源实践与员工行业专用性人力资本正相关，与企业专用性人力资本负相关，这是由高科技行业的特殊性决定的。因为行业对员工行业专用性、通用性技能的要求较高，对企业专用性的需求较低，因此其人力资源管理实践会呈现出这样一种选择倾向。这也说明同样的人力资源管理实践在不同情境下的实施效果会呈现出很大差别，不存在一种完美的人力资源实践能够适用所有情境，人力资源系统的选择须视具体情况而定。

二、合作导向人力资源实践与企业绩效

回归分析结果表明，合作导向的高绩效人力资源实践对企业绩效的正向影响得到了验证。事实上，学术界对人力资源实践与企业绩效之间的影响机制也从人力资本理论、社会交换理论、社会资本理论等诸多视角进行过研究，肯定了人力资源实践的作用。中介检验结果表明，高绩效人力资源系统中合作导向的管理实践能够通过影响员工感知的企业专用性人力资本影响企业创新绩效。因为当员工意识到通过人力资源实践所带来的自身的通用性技能能够与组织的岗位需求契合，并产生重要价值之后，基于互惠互利的考虑，会愿意与企业建立更为密切的关系契约。当员工身上蕴含的知识和技能能够与企业协同作用产生更大的价值，带来内部资产合作专用性的时候，这种难以被竞争对手模仿、难以被替代的资源便成为企业获取竞争优势的来源。由于高科技行业广泛依赖通用性知识技能，对组织生产效率提升、组织目标的实现均具有重要作用，高绩效人力资源实践也通过行业专用性人力资本对企业任务绩效产生正向影响。事实上，管理实践现状也证实了这一点。当企业对员工进行培训的时候，势必会带来员工通用性技能的提高，增加了员工离职的风险，那么为什么企业还要对员工进行通用性的知识技能培训呢？虽然培训带来了员工流动的风险，但其也从更多方面为企业带来了效益，使利远远大于弊。

本研究亦假设了企业客观专用性人力在高绩效人力资源实践与企业任务绩效之间存在中介作用，因为从人力资本理论出发，员工企业专用性技能的降低，会带来员工生产率的下降，进而影响企业绩效，但检验结果未证实该假设。可能是由于高科技创业产品模块化，用人需求也呈现知识模块化的特点，企业对员工的企业专用性需求很低，员工企业专用性人力资本的丰富与否对企业绩效目标的实现没有显著影响。

由此我们可知，人力资源实践对企业绩效的影响可能是复杂且通过各种途径的。高科技企业管理者需要认识到其行业特殊性，在传统的控制型、承诺型人力资源管理实践之外，还应当有针对性进行合作型的人力资源实践，提高企业与员工合作的有效性从而带来竞争优势，而非站在传统的提高员工组织承诺与专用性资本角度。其他行业管理者也应根据企业用人需求，采取合理的人力资源实践。

参考文献

[1]任康磊.绩效管理量化考核[M].北京：人民邮电出版社，2019.
[2]韩铁櫄.绩效设计[M].北京：机械工业出版社，2019.
[3]姚裕群.人力资源开发与管理[M].北京：中国人民大学出版社，2019.
[4]程延园，王甫希.员工关系管理[M].北京：高等教育出版社，2018.
[5]张颖.互联网企业薪酬体系[M].北京：人民邮电出版社，2018.
[6]育心园心理咨询中心.培育心灵的力量：企业EAP与组织心理健康管理[M].北京：电子工业出版社，2018.
[7]胡羚燕.跨文化人力资源管理[M].武汉：武汉大学出版社，2018.
[8]谷彬.大数据与大国人才精细化管理[M].北京：人民出版社，2018.
[9]李晓莉.新互联网时代招聘实战：寻才 识才 辨才 控才[M].北京：清华大学出版社，2018.
[10]付永刚，郭文臣，乔坤.组织行为学[M].北京：清华大学出版社，2017.
[11]孙成志.组织行为学[M].沈阳：东北财经大学出版社，2017.
[12]常莉俊，谭波，张晗.组织行为学[M].上海：上海交通大学出版社，2017.
[13]陈国海.管理心理学（第3版）[M].北京：清华大学出版社，2017.
[14]时勘，时雨.人力资源管理：心理学的理论基础与方法[M].北京：高等教育出版社，2017.
[15]陈兴淋.组织行为学[M].北京：清华大学出版社，2016.
[16]黄培伦.组织行为学[M].广州：华南理工大学出版社，2016.
[17]刘永芳.管理心理学[M].北京：清华大学出版社，2016.
[18]陈晓萍.跨文化管理[M].北京：清华大学出版社，2016.
[19]赵曙明.人力资源管理[M].北京：机械工业出版社，2016.
[20]贾建锋.人力资源管理[M].北京：清华大学出版社，2016.
[21]张颖.互联网企业薪酬体系[M].北京：人民邮电出版社，2016.
[22]陈谏，叶曙光，符钰彩.聚才增值：互联时代的社交化招聘[M].北京：企业管理出版社，2016.
[23]蒋建武.人力资源管理[M].北京：清华大学出版社，2016.
[24]俞文钊，苏永华.管理心理学[M].大连：东北财经大学出版社，2015.
[25]何立.带团队就是带人心：经理人的心理管理策略与实务[M].广州：广东经济出版社，2015.
[26]卢润德，严宗光，袁泉，等.管理学（第2版）[M].北京：机械工业出版社，2014.

[27]陈鸿雁.企业管理心理实务[M].北京：北京大学出版社，2012.

[28]刘翠芳.现代人力资源管理[M].北京：北京大学出版社，2012.

[29]苏勇，何智美.现代组织行为学[M].北京：清华大学出版社，2011.

[30]刘宏.管理心理学[M].北京：清华大学出版社，2011.

[31]葛玉辉.人力资源管理[M].北京：清华大学出版社，2011.

[32]赵丽萍.建立绩效考核机制实现经营管理目标[J].金融经济，2019（04）：149-150.

[33]王璐，王志亮.企业环境绩效评价的意义及发展方向[J].当代经济，2019（02）：121-123.

[34]刘娟.基于大数据的人力资源管理浅析[J].信息记录材料，2019，20（02）：219-221.

[35]张志远.大数据视域下人力资源管理变革的思考[J].劳动保障世界，2019（04）：54-55.

[36]李林雪.人工智能背景下人力资源开发与管理面临的挑战与机遇[J].合作经济与科技，2019（03）：98-99.

[37]郑苗.人力资源中科学的薪酬设计与应用实践[J].中国集体经济，2019（01）：110-111.

[38]杨皎玉.人事管理中绩效管理应用及相关问题研究[J].现代国企研究，2018（10）：110.

[39]邢新朋，方洁，刘天森，等.绩效反馈对开发式创新和探索式创新的影响机制研究[J].工业技术经济，2018，37（07）：137-145.

[40]洪惠雨，叶欣梁，孙瑞红.跨文化管理理论的演进与比较研究[J].经济研究导刊，2018（33）：171-174+189.

[41]周琦.合资企业跨文化冲突对人力资源管理的影响研究[J].东方企业文化，2017（S2）：21.

[42]张平.基于云计算时代的企业人力资源管理变革[J].企业改革与管理，2017（06）：95.

[43]孙美佳，李新建.多元雇佣与人力资源柔性配置的战略选择[J].领导科学，2017（09）：43-45.

[44][美]斯蒂芬·P.罗宾斯.组织行为学（12版）[M].北京：中国人民大学出版社，2016.

[45][美]小舍曼等主译.人力资源管理（第11版）[M].张文贤，等，译.大连：东北财经大学出版社，2001.

[46]余凯成等.人力资源管理[M].大连：大连理工大学出版社，1999.

[47][美]加里·德斯勒.人力资源管理[M].北京：中国人民大学出版社，1999.

[48][美]迈克尔·普尔，马尔科姆·沃纳. 人力资源管理手册[M]. 沈阳：辽宁教育出版社，1999.

[49][美]约瑟夫.战略薪酬[M].北京：科学文献出版社，2002.